傅佩榮作品集 02

傅佩榮——著

人生的快樂靠自己追求

You can choose to be happy in your life.

Part 1

快樂的自我學習

從真實生命得到啓發與靈感　009

換個角度，把焦點從外在轉回內心。
內心可感受知識、審美、道德的吸引力，
可以由追求知識轉化為品味知識。

Part 2

快樂的自我主張

保持一顆追求的心，
在過程中也許就會感受到明朗的喜悅，
千里之外，
還有許多師友在共勉努力。

Part 3

快樂的自我期許

以敬畏之心去接觸啓示與經典，
同時在具體的現實生活中，
一步步走出人生的意義。

Part 4

快樂的自我創造

人的潛力可以不斷開發，
經由挑戰而成長，
即使遭遇了一些困難，
也能找到安身的途徑。

Part 5

快樂的自我實現

人有知、情、意之潛能，
相應的是知識、藝術、道德，
三者可以分途發展，最終必可相通，
除非自己畫地自限。

從眞實生命得到啓發與靈感

不論一個人的現實遭遇如何，他在內心裡總有一些堅持。如果放棄這些堅持，就好像少了一座天平，無法衡量及品味自己的所得與所失，又好像漂白之後的衣服，不再表現多采多姿的顏色了。這個時候，自我陷於放逐狀態，游離在以量代質的大千世界，不僅無家可歸，而且是個忘記自家景觀的人。

那麼，什麼是值得堅持的？簡單說來，是內心的理想。內心的理想由何而來？又有些什麼內涵？凡是我們曾經動過真情的嚮往，又須以一生之力為其作證的，即是內心理想。因此，年輕時也許羨慕過有錢人，渴望名聲、夢想權力，後來隨著年齡與見識的增加，自己雖未必如願以償，卻明白名利權位的背後如果不是另有值得獻身的理想，就根本是鏡花水月，一場春夢，甚至一場噩夢。

相對於此，我們在年輕時也曾瞥見另一種屬於品質的理想。那是由自我出發，卻能逐漸突破自私自利的心態，接納其他的人，只因為他們是我的「近人」。

所謂「近人」，就是不止局限於血緣地緣，而是隨一切緣而出現在我身邊，並且在當下需要我的協助的人。於是，同學與同事，親人與朋友，固然因為情意相近而往來；同車之乘客、路邊的偶遇，凡是我力所能及，可以互相表達人的善意與尊重的，都是「近人」。

許多已有及未有的近人，構成了自我人格世界的互動因素。除非我毫無所感，否則必然產生牽引，進而顯示選擇時的偏好，由此看出我的特質是正直、勇敢、溫和、謙虛，還是偏激、狂妄、懦弱、鄉愿？首先，要問自己是否真誠？如果勉強自己，東施效顰，那麼即使表現可圈可點，又如何持久一生？但

是，真誠如果不能見諒於人，就可能是自己從小的認知與經驗出了差錯，以致天平早已失衡。或者，竟是眾人皆醉我獨醒？

思索這些些問題，等於承認兩點：

一、我的理想只要出自真誠的內心，不妨與別人不同。

二、我這種特別的理想可能是錯誤的，也可能是正確的。

然後，問題歸結為兩方面：

一、判斷對錯的標準何在？

二、如何實現自己的理想？

以判斷標準來說，我們必須接受孔子所說的：「道不同，不相為謀。」以及《中庸》所云：「道並行而不相悖。」人生的樂趣之一，即是可以自由在心靈上集會結社，志同道合之人齊心朝著共同目標前進，即使目標未能達成，在過程中的呼應扶持，已經足以快慰平生了。圈外之人的詫異與悵然，圈內之人的喜悅與自得，兩相對照，正是「並行而不相悖」的寫照。「不相悖」是真的，我們原本無意干涉別人；「並行」則未必，因為別人是否還在行，並非我們所能判斷，如果以為這是並駕齊驅，更是謬以千里的誤會了。同代之人的差異，有時數倍於今人與古人的差異。

至於如何實現理想的問題，不是理論可以應付的。以我自己來說，從事人文研究及思想探討，難道必須與生活脫節？或者，我也能以小品文的方式，即事說理，從四周的真實生命得到啓發與靈感？這本書正是具體的例證，可以答覆上述質疑。

人到中年，才能對於年輕時的理想是對是錯，如何實踐，其限制何在，下一步該怎麼走，都有一些體認。我因為寫作的機會較多，凡有體認，總是盡量寫出發表，與人分享。

現在我把主要發表在《中華日報》副刊的文字集結成書，在初版時以《自我的堅持》做為書名，是因為書中談到了自己至今所堅持的一些理想，沒有這些理想，如何定位自己？現在修訂再版，書名改為《人生的快樂靠自己追求》，因為沒有堅持則快樂將如無源之水。內容則分別論及自我學習、自我主張、自我期許、自我創造與自我實現。我在教學過程中，得到學生及讀者的回應不少，再由教室延伸到社會關懷，省思現代人的心靈挑戰，然後觸及最根本的信仰領域，暢談宗教正信的意義。這一連串的心得完全奠基於自己向來堅持的理想。是對是錯，都還要繼續在未來的實踐中加以印證。是為序。

傅佩榮

寫於民國八十二年秋・台大哲學系
民國九十六年夏・修訂新版

編按：本書原名《自我的堅持》於民國八十二年出版，現由作者重新修訂，更新書名《人生的快樂靠自己追求》。

Part 1

快樂的自我學習

換個角度，把焦點從外在轉回內心。
內心可感受知識、審美、道德的吸引力，
可以由追求知識轉化為品味知識。

順勢而行走穩每一步

處在高度競爭的社會，其實並不需要技巧，只須順勢而行，走穩每一步就好了。

一九八九年秋，我隻身前往德國西南部的石鎮（Schwäbischhall）學習德文。石鎮居民三萬人，因設有哥德學院，吸引了不少外籍學生。我在耶魯攻讀學位時，曾通過德文測驗，但是僅止於紙上談兵，無法眞正使用德文資料。八四年回台大教書，升爲教授之後，更覺得德文重要，乃決心赴德從頭學習。

年近四十，卻像小孩子一般牙牙學語，實在不是什麼愉快的事。每日上課四小時，自修五小時，餘下的時間就在附近走走，逐漸發現石鎮的安詳之美，原來這正是我跨入中年所需要的心靈洗禮。

從宿舍到教室，等於穿過半個石鎮，中間經過一座石橋。橋下總有水鴨三五成群悠游河中，偶爾發出「哈！哈！」的叫聲，我初次聽到時，以爲是誰在大笑，嚇了一跳，這才知道鴨子也有瀟灑的一面，勝過每日低頭疾走、苦背德文的我啊。

按照學院規定，學生共進午餐，但是晚餐則須自理。我在飲食方面以蘇格拉底爲師，既可飽餐痛飲，亦可粗茶淡飯。物質生活若是單調乏味，精神便有活潑靈動的生機。傍晚散步於是成爲例行工作。六時以後，街道上的店鋪全都打烊，卻正是我逛街的開始。逛街的目的是練習德文。我在每一家店鋪前駐足，從招牌、廣告，到櫥窗內的說明，只要有德文，我就仔細閱讀。遇有生字，就翻查掌中型的德英字典。兩個月下來，街上沒有不認識的字了，心中稍覺安慰。

逛街之後，必定走向大教堂。石鎮以此教堂出名，一來它是三百多年前蓋成的，二來它是德國戰時未遭盟軍轟炸的兩座教堂之一。石鎮三條主要街道皆以教堂爲輻輳點，好像扇子張開，鎮內居民一出門，在每一個路口幾乎都可以看到教堂的某一側面。宗教信仰在日常生活中所扮演的角色，由此可見一斑。教堂晚上緊閉大門，我則習慣在外圍的牆上繞圈漫步。這是沉思默想的時候。

沒有電視與報紙，少了電話與訪客，我有的是四個月的安靜與孤獨。我開始回憶前半生的際遇。處在高度競爭的社會，其實並不需要技巧，只須順勢而行，走穩每一步就好了。從念書到教書，以及後來的寫作與演講，並沒有什麼祕訣，只是「認眞」二字。面子較薄，害怕丟臉，當然必須全力以赴了。記得當年在耶魯念書時，余英時老師對我的表現下了「明快」二字的評語。他大概不知道我是靠著「勤能補拙」，每天念書十二小時才得以過關的。

認眞難免辛苦，辛苦若有回饋，亦可心平氣和。表面看來，我得到豐足的收穫，但是世間的浮名虛譽與金錢償報，如何可能取代或模糊一個學者的眞正心願呢？我的心願有二：在學術上成一家之言，進而以學術來匡濟天下。但是，第一步就遇到重重障礙了，第二步簡直像是夢幻騎士的囈語。

想到這裡，心情鬱悶，不覺口誦元人劉靜修的詞：

茫茫大塊洪爐裡，何物不寒灰？
古今多少荒煙廢壘，老樹遺台，
泰山如礪，黃河如帶，等是塵埃！
不須更歎花開花落，春去春來。

是否背誦對了，當時也無從查考。總之念完以後，心中頗覺寧靜，好像看開了一些。我從德國返台之後，改以「從容」為座右銘，也是這時所悟的心得。

三萬人的小鎮，照樣有博物館與藝術館。有一次信步走到館內，不禁嘖嘖稱奇。展出的主題是「樹的聲音」，中間空地有一棵大樹，樹身纏繞許多電線，電線則分別接著周圍平台上的耳機。觀眾戴上耳機，立即聽到輕微的呻吟，或者應該說是吟唱。吟唱之聲變化多端，隨著觀眾與大樹之間的距離與方位而不同。這位藝術家想要表現什麼？我想是：宇宙萬物皆可發聲達意，皆有溝通之可能與欲望；果真如此，則萬物的親切共融就不是詩人的憑空幻想了。由於印象深刻，我至今看到樹木就會聯想起石鎮的「樹木之聲」，進而覺得天地有情。

天地尚且有情，何況親如家人？我對家人的思念卻是因老師教的一首童詩而引發的。「看那小小的手，到處找東西玩，不要打它。看那小小的腳，到處跑來跑去，不要踩它。看那可愛的眼，到處東張西望，不要遮住它。看那挺直的背，好像很有骨氣，不要壓彎它。……」老師念的是德文，我必須還原爲清晰的意象，才能聽得明白。於是，我彷彿看到了女兒小手小腳的幼時模樣。孩子的成長是不能再來一次的，我還要離開她多久呢？念完了詩，我覺得眼眶微潤，還是不如歸去吧。

四個月的石鎮生活，爲我的德文奠下自修的基礎，但是更爲我的中年生涯指點了明確的方向。我決定積極投入社會教育的工作，以演講與寫作傳揚學思心得，盡一點知識分子的責任。然後，要多花時間閉門念書、專心治學了。我不再執著於過去的心願，只想做到自己「能夠、應該、願意」去做的事。有此體悟，也不枉費石鎮之旅了。

年輕時種下什麼，老年時就收穫什麼。

——挪威劇作家　易卜生

人生的快樂祕訣就是選定目標

目標必須與個人的性向及志趣配合，在朝它前進的過程中，卻可以借助於知識、審美與道德，增益生活的內涵，提升生活的品質。

人到中年，忽然發現自己向來所追求的目標一一實現，若是偶有不能實現的，也都明白限制何在，不再心存奢望。舉例來說，從前希望順利畢業，取得文憑，找到職業，結婚成家，養育子女，同時靠貸款買車購屋，生活步入正常而平凡的軌道。至於「立德、立功、立言」的大事，暫且拋諸腦後，將來有機會再說。不過，人生到此即須停滯不前嗎？難道我從小到大所渴望的就是這些嗎？這就是我的一生嗎？類似的問題正是「城市鄉巴佬」的背景所在。

「城市鄉巴佬」是多年前的一部美國電影，片中描寫幾個年近四十的都市上班族，忽然覺得生活乏味，於是決定利用假期遠赴西部學做「牛仔」，體驗拓荒時期老祖先的心境，看看能否獲得一些啟示。城市人到了鄉下，變成鄉巴佬，其實是連鄉巴佬也不如。一旦脫離科技文明的支持，人就須依賴天賦的求生本能了。片中關鍵人物是個一生從事牧牛的「老牛仔」，他在荒野、草原及沙漠中的自在與安詳，比之於現代人在超商、跑車及冷氣房中的便利與得意，實有過之而無不及。

都市上班族面對老牛仔，不覺心生敬畏。他們的共同任務是把一群牛趕到德州去。可以想像各種發生在路途上的趣事。重要的不是誰的技術好或學問高，而是誰更能掌握人生奧祕，活得踏實而愉快。某夜，在皎潔的月光下，幾個上班族苦思人生的快樂祕訣而不得要領。沉默的老牛仔開口了，他說：「我知道。」大家的目光轉向他，他伸出右手食指。「這代表什麼？」

老牛仔緩緩說道：「這代表一，人生的快樂祕訣就是選定一個目標，然後專心朝著它去努力。」以他爲例，他從小立志做牛仔，現在成了老牛仔依然無怨無悔，甚至樂此不疲，視之爲人生幸福。這可以做爲我們省思的起點。

人有意識，會思慮許多不同的目標；人也有欲望，會「一山望見一山高」。麻煩在於；人必須選擇，選擇固然有所得，但同時也有所失。所失往往多於所得，譬如，選擇了甲，就必須放棄乙、丙、丁……；同時，選擇之後又有兩種可能的結果。若是未能達成甲，則全盤皆輸，一敗塗地。若是達成了甲，又會自問甲是否值得？人性的弱點之一，即是「到手之後不知珍惜」。於是，輪轉循環，得失皆苦，人生實在無趣極了。無怪乎英國文人王爾德（Oscar Wilde）要傷感了，他說：「人生只有兩種悲劇：一種是得不到我所要的；另一種卻是得到我所要的。」

但是，光說一個確定的目標可以使人快樂，似乎仍有不足之處。要點在於：這個目標是否值得堅持一生？我們年輕時以升學或就業爲目標，一旦得償心願，又須另訂新的目標，於是總在向外追逐。表面上忙碌緊張，內心裡可能茫然空洞。

仔細回想我們所受的教育，似乎並未昭示我們：哪些目標是値得堅持一生的？以及爲何值得如此？往往「升學就業」四個字以及延伸而成的「升官發財」四個字，就說明了相關目標的內容。如果努力以赴，大約到中年就可以得償宿願，像「城市鄉巴佬」一樣，不過，然後呢？還有什麼目標是值得設定的？

我並沒有特別的建議，只想換個角度，把焦點從外在轉回內心。內心是否仍可感受知識、審美、道德的吸引力？是否可以由追求知識轉化爲品味知識，就是不把求知當做手段，卻視之爲擴充心靈優游的空間？審美使我化解人際之間的競爭壓力，道德則使我調適人際之間的和諧關係；兩者並行發展、交互爲用，生活豈不更有樂趣？

目標必須與個人的性向及志趣配合，在朝它前進的過程中，卻可以借助於知識、審美與道德，增益生活的內涵，提升生活的品質。否則人生苦多於樂，難免使人覺得無奈！

人並不是因為美麗才可愛，而是因為可愛才美麗。

——俄國作家　托爾斯泰

富人與窮人的快樂指數

人若擁有健康的生活態度，適當培養心靈方面的品味及樂趣，那麼財富才能發揮正面的作用。

我在工作之餘，參加洪建全基金會所辦的「人文雙月會」，每兩個月與不同學科的朋友聚談一次。進行的方式是輪流主講各自選定的題材，再自由交換心得。這是我在閉門念書之外，重要的知識來源，收穫之大，使我心存感激與喜悅。

譬如，最近一次的主題是「財富」，講者爲經濟學家林鐘雄教授。林教授個性溫和，專業知識淵博，聽他道來，「財富」居然顯示了人性的面貌，十分親切有

趣。會後討論中，焦點逐漸轉向：財富能帶來幸福嗎？人的生活態度是否決定了財富的意義？智慧可以啓發正確的生活態度，那麼智慧是否更爲重要？

談到這裡，台大外文系齊邦媛教授介紹一個故事，出自俄國小說家契訶夫的手筆。齊教授說她教學二十餘年，每年都會選擇契訶夫的〈賭注〉一文，並在學年結束時，讓學生對所有讀過的小說表示感受程度。結果契訶夫此文幾乎年年受到學生的充分肯定。〈賭注〉的內容如後：

某銀行家請客時，席間談到死刑存廢問題，一年輕律師認爲最多只能判人無期徒刑，因爲活著總比死亡好。銀行家卻說：我們不能證明獄中生活勝過死亡。有些人失去自由，倒還不如死了。二人爭辯並無結論。最後，銀行家提議一項賭注，願出二百萬元，讓律師禁足獄中五年。律師說：五年太短，不如十五年；十五年之後，本人四十歲，有二百萬元也足以終身安樂了。

於是，律師依約入獄之後，整天無事可做，開始要求念書，廣泛吸收各科知識，學習音樂，彈奏鋼琴，再推及閱讀古典文學、史學、哲學、宗教、自然科學方面的佳構，甚至能夠讀詩了。如此寒來暑往，眼看著十五年即將滿期。十五年所定的期限是一八八五年某日夜裡十二點。

事有不巧，銀行家經營不善，此時已經破產，付不出二百萬元。他無法履行合約，就想謀害律師。律師似乎預知命運，在桌上留一信函，上面寫著：「我希望你能明白，這些年我是怎麼度過的。起初我覺得寂寞痛苦，後來潛心追求知識，由此孕生智慧，領悟了人生的意義。我已經看透世間的名利權位，此時二百萬元對我毫無用處。所以，請你不必費心，我在半夜十二時之前五分鐘會自動消失，就算是毀約，你也不必負擔二百萬元了。」

表面看來，〈賭注〉一文所顯示的，應該是律師的理論佔了優勢，活著勝過死亡。但是，活著的目的何在？是營謀利益，累積財富，盡情享樂呢？還是培養智慧，由看得破而放得下，求得心靈之解脫自在？答案十分清楚。

以上所述是我當場聆聽齊教授的札記，如果與原文稍有出入，應該由我負責。我認為，契訶夫借這種情節來說明「財富與智慧孰重？」實在是高明的手法，勝過哲學家喋喋不休，卻未必使人信服。

接著，心理學家楊國樞教授表示意見。他指出紐約地區的調查結果是，富人

與窮人的財產相差的倍數，與他們各自感受的快樂及幸福之間的倍數，是不成比例的。譬如，張三的財產比李四多十倍，但是張三的快樂頂多比李四多個二、三倍而已。人的心理感受是有極限的，因此對於苦樂的態度相差不大；也就是說：財富的效用不像一般人想像的那麼厲害。

何止如此！美國另一項調查指出：富人自殺的比例，超過窮人。可見財富不僅無法保障快樂，有時帶來更多的煩惱。然後，關鍵轉到「生活態度」上。人若擁有健康的生活態度，不認爲物質勝過精神，並能適當培養心靈方面的品味及樂趣，使自己的身心保持平衡，那麼財富才能發揮正面的作用。正確的生活態度必須由教育而來，使人在求知時得到智慧啓發，明白人生意義所在。我們在面對生命的賭注時，應該如何取捨？

人的美德榮譽比他的財富榮譽不知大多少倍。

——義大利文藝復興時期畫家　達．芬奇

選擇一件事，好好去做

即使自己興趣再廣、野心再大、能力再強、意願再高，也只能選擇一件事，好好去做。

服兵役期間，參加連隊的辯論比賽，僥倖躋身前五名。一位台大商學院的同學對我說：想不到文學院還有這樣的人。我一時沒有會過意來，只是有些納悶：文學院人才濟濟，怎麼會給人這種錯誤的印象？

原來大家都以「有無用處」來判斷一個科系，甚至一個人的價值。然而，社會上的用處絕不能以賺錢多少來衡量，人的一生除了物質享受之外，心靈的安頓恐怕才是決定幸福與否的關鍵。不過，這種想法有些犬儒，也有些阿Q，除非能在眞實世界稍加證明。

我很幸運，能有許多證明的機會；也很不幸，大多數證明都是失敗的；直到最近幾年，想通了儒家的道理之後，才開始心安理得，諸事順遂。

先談失敗的例子。由輔大哲學系畢業之後，我考上台大哲研所，同時接辦先知出版社。「先知」是由三十位輔大師生合資所設，專出哲學書，銷路不佳。每當新書出版，我與同仁送書到書店，順便結清前帳，所得往往連車資都不夠。遇有書展，我也坐在櫃台後，看到讀者對書愛不忍釋又買不起的樣子，我就乾脆送他書了。先後增資幾次，經營仍無起色，股東原是師生，現在幾乎要反目了。

當時我只是個研究生，沒有經濟基礎，也沒有社會關係，所有的只是一股幹勁與一顆眞誠的心。結果仍是失敗，並且敗得很慘。我這一生不再相信合資事業，自己也不敢投資做生意，正是由此得到的教訓。這個教訓眞是無價之寶，使我毫無掛念地出國念書，並且在回國後很快就釐清了自己的生涯規畫與奮鬥方向。

然而，我對出版仍未忘情。回國四年，腳步站穩，自己也出版一些書，獲得相當的肯定。這時，黎明文化公司由張明弘先生接任總經理，張先生是多年前的舊識，乃力邀我去兼任總編輯。平生只信「情義」二字，何況出版對我的吸引力實在太大了。我每週只去兩個下午，聯繫作者並策畫新書，很快就推出了《青年文庫》第一輯，把我在文藝界的朋友都拖下水了。可惜，銷路仍然不佳。

原來黎明公司在對外經營上比較保守，內部結構又有公家機關的規範，不易大刀闊斧地推動各項改革計畫。張先生雖然有心，也難免覺得無力。人生苦短，我顯然還有許多工作值得全力以赴的，乃承認失敗，辭職不做了。

既然提到了黎明公司，不免想對後來發生的「全宋詩」一案表示意見。此案非我所直接了解，所以不談個中緣由。我想表示的只是：一、黎明公司多年來極其尊重學者，所抱理想是爲學術界服務，因此首創預付稿費制度，並且在二版時提高版稅到百分之十五。二、過去幾年，黎明公司預付稿費與編輯費高達一千萬元以上，其中簽約學者拖延交稿的情況十分嚴重，甚至有達十年以上者。三、最近，黎明公司由於國內政治情勢影響，爲公家機關服務的機會大爲減少，營運日益吃力，乃必須撙節各項開支。

由這種背景來看「全宋詩」的爭端，就會比較心平氣和了。畢竟大家原本都是以善意及誠意來合作的。我相信，如果在二十年前，黎明公司絕不會爲了編輯費而爲難教授的。時移勢易，今非昔比，我因曾在黎明公司幫過忙，自覺應該說幾句公道話，同時也順便感慨出版事業之艱困。

經過上述一連串的教訓，我不得不相信「專業」的重要。即使自己興趣再廣、野心再大、能力再強、意願再高，也必須承認只能選擇一件事，好好去做。我選擇的當然是教書。教書是一種藝術，不僅運用之妙存乎一心，並且最高境界永無止境。我由教書得到的樂趣，是無法盡述的。樂趣如果還能帶來虛名，就有些愧不敢當了。

聽課的學生不斷增加，校外人士也來湊熱鬧，由此開啓了我的演講生涯。猶豫的心情是難以避免的。然而，念書的目的不正是爲了自己受用，並且與人分享嗎？人文學者怎能與社會的脈動保持距離？尤其是，念哲學的人一向受到大眾誤解，現在何不趁機會導正印象呢？

演講是一回事，講的內容是順應民意，還是提升理想，這才是最重要的。「曲學阿世」是念書人引以爲戒的。不過，語言的通俗化與觀念的明確化，並不代表譁衆取寵。更何況，從實效的角度看來，我們怎能期待以幾場演講來改善社會風氣呢？我所想的只是：「如果我不講，風氣可能更加惡化！」爲了補偏救弊，略盡綿薄之力，如此而已。如果由於演講而鼓勵了志同道合的心靈，那就是意外的收穫了。在高雄生產力中心的演講會上，一位年輕人上來告訴我：「去年原想自殺，讀先生的書後，才決定要活下去。」當時聽到這句話，我心中的感激之情無以言宣。我感激上天賜我助人之力。

與演講並行的是寫作。這幾年尤其寫得不亦樂乎。寫作的原則是「有感而發」，何以感觸如此之多？因爲關懷世間周遭的人，由近及遠；又關懷人文生態的均衡，所以特別注意教育、思想、文化、藝術等方面的動態及走勢。

這一切，我想再過幾年就要停止了。由於對時間的敏感，我每日工作總在十小時以上，否則就覺得不夠努力，對不起自己。但是，一生的規畫必須有分明的層次。若是中年階段還無法回歸首要目標，專心治學，將來如何面對學術界的後起之秀？

前面提及儒家的道理，說得簡單一點，就是以下幾句話：一，儒家認爲人性是「向善」的，「向」表示人有自由，可以選擇而且必須選擇，「善」是指「人與他人之間適當關係之實現」。二，「善」所涵蓋的「他人」，是由近及遠，由家庭擴充到社會、國家、人類，因此每一個人都有現實上的責任，必須投入人群中，盡一己之力。三，若是未達至善，則人心難免「不安、不忍」，這也正是「向善」的最佳證明。

念通了儒家，心中真情鼓盪，時時感應人群的苦樂，進而自省：我能做些什麼？如果能做一些大家喜歡、共同受益的事，我又何樂不爲？若在有能力時不做，難道等到力不從心時再做嗎？就算不談別的，光是把儒家的見解說清楚，重建大家對傳統的信心，重新以平衡的眼光去考慮孔子、孟子所說的話，也是一個念書人的志業與榮幸啊！我的心在書本與現實之間，並未迷失。

人之氣質，本難變化，唯讀書則可變化氣質。

——中國清朝名臣　曾國藩

這一生能夠念好幾本書？

「書多」並不代表什麼，重要的是「眞正念了書」。

分配到台大宿舍時，依例可以住到退休，算一算大約二十幾年，於是心中充滿感激。這種福利在台北市區來說，已經是無以復加了。我對我的工作當然更要全力以赴，以免辜負了國家對教師的照顧。

搬家本身就是十分麻煩的事，何況還有成堆的書！我在美國念書時，買書是唯一消遣；新書太貴，不妨找舊書，時有所得。記得曾在耶魯大學旁的「魏老克書屋」找到一批舊書，顯然是書主的子女廉讓的。書屋老闆還來不及標價，我就

挑出二十五本，總共花了一百元美金。其中最難得的是羅素的《密契主義與邏輯》與杜威的《追求確定性》都是第一版，都有作者親筆簽名。另外一本《希臘之道》，竟在封面裡層藏了一百張希臘郵票，都是一九五〇年代的，這眞是意外的驚喜。

耶魯四年下來，跟著我回國的是五十箱書。慚愧的是，這些書大多數安靜地擱在書櫃裡，一待就是幾年。直到這次搬家，我才有機會再度撫摸它們。想當初，把它們一本本從書店搬回家時，曾經信誓旦旦要好好共度晨昏，至少也須耐心受教，由之獲益，再醞釀心得，加以傳揚。言猶在耳，怎麼一回台灣就身不由己，根本對它們不聞不問，實在深感慚愧。

搬家工人最怕的就是書。表面上都是同樣大小的紙箱，一裝上書就不同。這是否也是人生的寫照？表面上大家的外貌打扮都類似，一念了書就不同。所謂「腹有詩書氣自華」，眞有其事嗎？一位工人手上拿了一堆零散的書，對我尷尬地笑：「先生，我這一生能夠念好這幾本書，已經很夠了。」是的，「書多」並不代表什麼，因爲書也可以做爲商品，互相用來炫耀其版本、作者、知名度；重要的是「眞正念了書」。

「眞正」念了書，又有兩層意思：一是在知識上明白新的道理，二是在行爲上受到書的陶冶。如果空有念書人之名，卻依然表現自然人的野性與衝動，那麼我們就須懷疑：一，他只是以念書爲謀職圖利的工具；二，他念錯了書。書也有對錯嗎？古人不是說「開卷有益」嗎？古代書少，多爲佳品，開卷大都有益；今日書多，氾濫成災，良莠不齊，開卷未必有益，卻須進一步追問：是否念對了書？

由於新家書櫃太小，無法容納所有的書，於是進行大規模的棄書運動。「棄書」的原則有三：一，所有的雜誌類都無法保存，因爲圖書館的收藏又多又全。二，非本行的書大都放棄，因爲「術業有專攻」，還是「崇本務實」爲要。三，十年之間自己不會用到的書，也只好忍痛犧牲了。如此篩檢之後，勉強去掉五箱書。棄書過程實在爲難。許多東西都是「擁有時，不覺得自己擁有」，等到失去時，才發覺自己少了些什麼。我對書的感受，尤其如此。我開始羨慕一般不以教書爲業的人，他們對書不必存有功利企圖，好像念書是手段，目的是教書，然後由此得到薪水。他們買書純粹爲了興趣，爲了欣賞，爲了享受。書不必多，卻須

常念，念了自己受用。

以前有位朋友辦出版社，曾經發出豪語，說他只要把自己出版的書都念完，就不虛此生了。他出版的書又多又快，三年之間居然有二百多種。他的豪語終於落空。我在辛苦搬家之後，心中也有一個願望：在我下一次把這些書搬走之前，一定要全都念過一遍。爲了實現這個願望，必須做到兩點：一，早些閉關念書，減少甚至停止一切外界活動。二，小心選擇新書，舊書尚未念完，新書又湧進來，實在沒完沒了。人生苦短，何況念書並非人生之全部。唯有知道選擇，才能善自珍惜。我必須放棄那種「買書成癖」的心結，將它轉化爲「念書成癖」的習慣，否則下一次搬家時，又要抱怨「書到搬時方恨多」了。

人的知識愈廣，人的本身也愈臻完善。

——俄國作家　高爾基

人生際遇都有深刻意義

事業的成敗，除了主觀方面的努力，不能缺少客觀條件的配合。

寫作與演講是我過去多年的生活重心。我的職業是教書，教書的條件當然是好好備課、準時而認眞上課，因此我從不請假，並且謹記自己的教授身分。教授的責任有三：除了教書，還有研究及服務。研究是持續一生的工作，我靠參加學術會議，逼自己寫下一系列論文，已經集成十五萬字的《儒家哲學新論》，目的是想證明自己並未疏忽職守。服務則有階段性，中年時期體力與心意都夠，若是機緣湊巧，就不必猶豫了。

對我而言，服務的內涵即是寫作與演講。這兩者可大可小，甚至可以視爲一項事業。事業的成敗，除了主觀方面的努力，不能缺少客觀條件的配合。就此而論，洪建全基金會在我過去幾年的生涯中，扮演關鍵角色，使我每一思及，就覺得滿心歡喜，對自己的際遇充滿感激。我是個完美主義者，「要就全部，否則不要」，因此在青少年時代處處受挫，乃加倍督促自己，才能稍有自信。但是，人生哪裡有完美？我只能自我要求罷了！當我如此要求時，洪建全基金會回應了我的理想，使我與現實之間的鴻溝減到最低限度。若非如此，世間又多一個自嘆命運不濟與懷才不遇的人了。

最初，基金會邀請我演講。在「一九八九年豐富人生系列講座」中，我首度環繞一個主題，公開連講四場，聽衆買票入場。熱烈的反應使我覺得自己不再是說話的機器，只爲了滿足某一機構的例行公事而已。九一年再講另一主題，反應依然使人感動。基金會開始爲我設計課程，隨我的專長定下題目，從儒家、道家，以至西方心靈的品味。學生約三十至五十人，大都是社會人士，群集一堂，用心聽講，彷彿古代書院之重現。

哲學知識也能找到同好，有些聽者已經成為我的朋友了。他們的熟悉面貌經常在我的公開演講會場中出現，使我有滔滔天下、風雨故人之感，同時也認眞提醒自己必須精益求精，否則何以回應這些朋友的期許？我決定在考慮個人生涯規畫的不同階段時，一定也要靜下心來念念書。學海無涯，我若無此自覺，豈不有愧老師之名？

由於合作愉快而產生互信，基金會希望爲我出書。於是，《人生問卷》一系列六本書先後問世。在此之前，我雖然出過十幾本書，銷路與口碑都還可以，但是基金會的作法使我躋身暢銷書作家之列，在民生報與金石堂兩大排行榜上風光了一陣子。當時，股票書極爲熱門，有一天在台大校園遇到孫震校長，他語重心長地說：能夠看到我的書排在一大堆股票書之前，實在覺得高興。作者無不希望自己的書可以暢銷。但是讀者的口味與購買的機會未必可以配合。寫作不是我的本行，卻造成無心插柳柳成蔭的結果。人生得此遭遇，即使只是兩三年的時光，也應該心滿意足了。

我在基金會結識了許多朋友，他們給我的印象竟是生動鮮明到令人驚訝的程度。分工合作、效率高、士氣昂，都還不算難事，最難得的是主體性與生命力。主體性來自對自己的肯定與信心，因此面對任何名家名師，他們依然從容有節，好像原本就是要共同攜手去完成一件大事。沒有客套與虛僞，我看到的是文質彬彬的表現。生命力又是什麼？若非內在認同高尚的理想，怎能長期無悔無怨地堅持爲文化奉獻的使命！每當遇見基金會的同仁，我都好像瞥見自己昔日的身影，也是同樣的執著，同樣的樂觀，同樣的眞誠！

洪建全基金會後來遷移到羅斯福路的現址，在原有的宗旨上繼續爲社會服務。以我過去多年的交往經驗，自然覺得應該提筆表達內心的祝福與期許。人生一切際遇都有深刻意義，只待我們去印證及體會。以一句話形容我對基金會的感想，正是「有幸結緣」。

如果你希望成功，當以恒心為良友，以經驗為參謀，以當心為兄弟，以希望為哨兵。

——美國發明家　愛迪生

能愛是幸福的

愛的形式與種類甚多，基本原則都是從自我出發，在另一自我身上得到回應。

「愛」是世間最浪漫的題材，也是人心最珍貴的憧憬。然而，聽到哲學家談愛，豈不讓人覺得時空錯置、不著邊際、大殺風景？是的，經過冷靜的分析，在理智的顯微鏡下，愛的美麗光暈也許會消失幾分，但是卻又展示了眞實的面貌。眞實的才是永恆的，永恆的才是美的，美的才是可愛的。眞正的愛是不會因爲剖析而褪色的。

人活著，要靠生命力；生命力表現爲欲望，欲望卻是多彈頭飛彈。有些欲望週而復始，循環不息，因爲它們來自生命這個有機體；有些欲望循階梯而上，走向社會成就的高峰，得到的多，失去的也不少。另外還有兩類欲望比較特別，超越了生理需求與社會取向。一是個人的自我實現，如求知、審美與修德，對應於與生俱來的知、情、意三種潛能；二是人與人之間的情感交流。

生命是一個整體，有形的身體與無形的心靈合而爲一，但是扮演主導角色的無疑是心靈。這種整體性還包括時間上的延續，從過去走到現在當下這一步，然後不斷開拓未來。深入探討，立即發現人的整體不但不是孤立的與絕緣的，反而自始至終牽連著其他的人。如果沒有親情、友情、愛情，人生是不完美的。

友情溫和而持久，依緣而起，卻未必隨著緣盡而滅。朋友是與我們一起製造回憶的人，往者已矣，心中感受卻點滴猶存。所謂「君子之交淡若水」，我偏愛「水」之活潑流動、生生不息，至於是濃是淡，則不必強求。古之俠者，崇尚道義，一諾千金，急人之難，鮮明地凸顯了人格的尊嚴與淳厚。今日交友，患難見眞情的機會已經不多，求一知己而不可得的情況則比比皆是。

親情存於特定對象之間，相互關係並非平等，也無從計較利害得失。它屬於命的成分較多，接受與否卻仍在自己。關鍵在於：只要稍有心意，立即得到豐富的回報。「浪子回頭」的故事一再成為小說題材，就是因為人生有如旅行，我們莫不期待在每一個關卡都能找到熟悉的、可以信靠的身影。「家」是人心的定風石，值得我們認真經營。像中國這麼重視家庭的民族，一定儲存了不少相關的智慧。

愛情則是難解的奧祕，有時如聚沙成塔，日久生情；有時又如電光石火，一氣呵成。聰明的作家乾脆承認：「如果你不曾有過愛情，又如何可能明白愛情？」原來這是個人生命中至深的體驗，是生命突破局限，奔向合一的動力。既美妙又痛苦、既快樂又危險，為了它而演出一齣齣悲喜劇。世代可以交替，愛情卻永不走出人類的舞台。

愛的形式與種類甚多，基本原則都是從自我出發，在另一自我身上得到回應。只要有回應，就能激發整個生命的全方位共鳴，因此「親情、友情、愛情」三者之中的任何一種，都可以使人無悔無怨，不惜以生命做為代價，求其一瞬之璀璨。在此，一瞬的光明可以照亮漫長幽暗的歲月，並且轉化爲心中常明的燈塔。

轉化之後，還須提升。燈光固然照人，也可以自照。有愛的地方，就有寬容、溫柔、體貼、和諧。被愛的人享受上述對待，看似十分幸福；其實，逐漸成熟的卻是能愛的人。一般人常說「被愛是幸福的」，我的想法則是：「能愛是幸福的」。

能愛的人自覺有力，他的力量表現於承擔自我的付出以及善待二人之間的互動上。他的限制只在於另一自我是否作了相稱的回應。「精誠所至，金石爲開」；這雖是老生常談，但是仍有指引作用，問題只在於現代社會人心浮動，「精誠」二字不易見到罷了。

我曾在《婦女雜誌》刊載十二篇短文，所論涵蓋愛的主要層面及範圍，原題「愛的哲思」，參考了哲人之見以及自己的省思心得。由於海飛麗出版社的建議，現在集爲一書，書名定爲《傅佩榮論愛》，總結爲一句話，則是：「必待情深義重，才有眞愛。」

生命的意義在於付出，在於給予，而不是在於接受，也不是在於爭取。

——中國思想家　巴金

積極學習才有扎實的知識

考試是一種公平競爭，藉此可以定位自己在適當的層次，幫助自己選擇發展的方向。

有一次應邀去豐原為一個企業團體上課，我搭上台汽國光號之後，就發覺大事不妙。那天正逢台北街頭有人遊行，高速公路又嚴重塞車，走走停停，花了四個多小時。到豐原下車時，已經遲到半小時了。我攔下一輛計程車，請司機先生以最快的速度送我到興農山莊。

司機先生不慌不忙，看我一眼說：「你是去上課嗎？」我回答：「是的。」

他接著說：「上課遲到沒有關係，大家都不喜歡上課。你十分鐘講得完的話，就不要講一個小時。」乍聽之下，頗有道理，我忽然爲自己的慌忙覺得不好意思。

回國教書幾年之後，逐漸淡忘學生時代的心情，好像自己天生就是老師的樣子。不過，我仍舊有些懷疑：學生眞的不喜歡上課嗎？暫且擱下這個話題，轉到相關的「考試」上，也許答案比較清楚。如果詢問：學生喜不喜歡考試？回答就衆口一詞了。

有一次，我調整上課進度，到規定考試的當天，才宣佈考試延至下週。一時之間，教室歡聲雷動，三百多人的快樂，卻掩不過我一人的惆悵。想不到考試竟帶給學生這麼大的威脅，以致延後考試會激起這麼熱烈的回響。難道他們不知道：考試只是檢驗學習心得，反映學習成效？老師由此可以公正評分，並且改善自己在教材與教法上的缺失？難道他們不明白：考試是一種公平競爭，藉此可以定位自己在適當的層次，幫助自己選擇發展的方向？

身爲老師，不免時常反省：學生選課的理由何在？初步歸納有三點：一、老師認眞講課，學生獲得知識；二、老師充滿善心，既不點名又不當人，學生皆大歡喜；三、老師掌握了必修科目，學生爲了畢業或者爲了考研究所，當然別無選擇了。

這三種理由所組成的班級，上起課來氣氛自然不同，老師的心情也隨之有別。稍作描述如下：

首先，教學認眞的老師常有配合的措施，如印發課程大綱與講義資料，勤於點名與小考，鼓勵學生參與討論等。其中有關點名與小考，比較容易引起爭議。難道大學生還需要老師點名嗎？自由學習的精神何在？小考又有何意義，豈不令人厭煩？話雖如此，學生畢業時最懷念的以及自認收穫最豐的，卻常是這種老師所開的課。理由很簡單，大學生的學習「習慣」在中學時早已定型，無法立即改弦更張，因此，上課時的放鬆等於放任，自由也等於懶散。這種老師較有責任感，不願屈從於學生的惰性，心中的壓力也較大。

其次，充滿善心的老師往往想到學生好不容易上了大學，不妨讓他們輕鬆自在地學習。大學之所以爲大學，難道不是標榜海闊天空，任人遨遊嗎？心靈確實需要無拘無束的空間，否則怎能啓發創造的潛力。得到諾貝爾化學獎的李遠哲博士在念台大時，不也曾經蹺過課，並且以此自豪嗎？以上這種想法並非毫無道理，但是：蹺過課的人很多，並不表示蹺過課的都會成爲李遠哲；念完四年大學，仍有不少學生覺得自己不曾學到任何眞正扎實的知識，這時再去抱怨或後悔也來不及了。

然後，如果老師教的是必修課，學生會比較主動積極地學習。但是，老師的心情轉爲憂喜參半：不知學生是爲了畢業學分，是爲了報考研究所，還是眞正爲了求知？如果念書成爲手段，師生之情必然淡化。老師用心良苦，以爲自己從事的是爲國育才的百年大業；學生是否另有一種想法，以爲自己只是爲了謀職安身？

這些問題恐怕不易釐清答案，因爲學生的選課理由不一而足，老師的上課心情也變化多端，最後的結局是：最好不談心情，大家各盡本分，沒有期許就沒有失望。若要期許，也只能期許自己罷了。

書最大的影響力，就是可以刺激讀者自我思考。

——英國作家　卡萊爾

關於《高中公民第二冊》

我希望人人都可以感受到自由的快樂。哲學是我達成此一希望的坦途。

由於台東社教館的安排，我曾到花蓮作了一場演講。在場聽眾多爲文教界的朋友，在我談完主題之後，他們希望知道我的生涯規畫以及到目前爲止我自認爲最滿意的事。生涯規畫往往只是一個模糊的藍圖，其中最重要的並非細節與手段，而是目標與方向。我的目標是學術與教育，以此爲方向，可以衍生各種階段性的作法。

過去幾年，我勤於寫作與演講，因爲那是我與青少年溝通的上策，同時也可以一償宿願，爲社會大衆解除對哲學的錯誤印象。哲學使我受益甚深，應該也有助於現代人，那麼何必猶豫呢？這個階段我活得十分踏實，心中常覺感激。希臘悲劇家歐里披底斯說：「凡是能夠自由說出自己思想的人，就不是奴隸。」我希望人人都可以感受到自由的快樂。哲學是我達成此一希望的坦途。

但是，歲月如流，人在快樂之中不易覺察奔逝的時光。我要提醒自己不斷努力，工作熱忱依然，方向與方法則須回到原有的目標。有些朋友擔心我收不住「外馳」的作風。也許到時候又要找藉口了。會嗎？我不知道，何必言之過早？

現在再就前面開頭提及的第二點來說，我在四十歲以前自認爲最滿意的事是什麼？是我曾爲國立編譯館寫過一本教科書，高一公民第二冊，主題是「道德與文化」。若不說明其中緣由，實在看不出自己何以滿意。

編寫教科書原本是各科專家學者的事。哲學教授與高中學科並無明顯關係，爲何找我幫忙？因此，當我接到主其事的曹世昌教授的電話，獲悉他的構想時，眞有受寵若驚之感。我於是摒擋一切雜務，全力以赴，在三個月內完成初稿。我二十餘年研究及反省的心得，主要都寫在這本教科書裡了。接著，我遭遇今生最難的考試。十多位委員字斟句酌，連標點符號也不放過，在連續六個週末的仔細探討及修訂之後，在我竭盡腦力一一答覆他們的質疑之後，才算大功告成，正式編印成書，並於民國七十七年取代舊教材，成為每年高一大約四、五十萬同學的公民課本。

我承認這是比博士論文還要難寫的一本書。我在編寫及修訂過程中，看到學者專家認眞工作的情景時，自然聯想起今日學生應該惜福，把握珍貴的學習機會。美中不足的是，由於大學聯考不考公民，有些學校乾脆不上公民課，有些即使上了課，也未必當一回事。令我感到安慰的是，仍有分別來自老師與學生的回應。建國中學的李老師至少打了十次電話給我，要我解說課本中的疑難，以便向同學作深入講解。中興中學的一班同學提出十幾個問題，附上一捲空白錄音帶，要我錄音回答問題。我奉命照辦，一個月後收到他們的謝卡，裡面寫了一句話：「傅教授，你的聲音還滿好聽的。」我不知道這些孩子是否眞正明白我所回答的內容。

直到現在，遇有年長的朋友或社會人士，問到有關「道德與文化」的題材時，我常建議他們去找一本《高中公民第二冊》，多看幾遍，就會了解我的意思了。那是一本入門的書，但是做爲教科書，難免有些俗套，要引用一些偉人的言語。我已盡力避免陳舊的思想了。我最覺得滿意的，是編輯委員們終於不再反對我以「人性向善論」來詮釋儒家的人性論。他們不是儒家專家，但是卻由知識分子的高度水平去反思我所提出的新解，認爲確可符合經典與經驗的雙重要求，讓學生在學了之後可以落實於生活中，眞正啓發實踐道德的動機與動力。

這幾年，越來越多的年輕朋友重新閱讀儒家經典，並且發現儒家的親切面貌。我想，公民課本中淺顯的說明已經使他們不再心存成見，在未能欣賞之前就先討厭孔子與孟子了。因此，我以編寫公民課本做爲個人四十歲以前最滿意的事。下一件事是什麼？希望在未來十年中可以完成。

人需要真理，就像瞎子需要明快的引路人一樣。

——俄國作家　高爾基

傅校長的叮嚀——「誠」

傅校長千言萬語只是強調「誠」，就是他所說的「不扯謊」。

台大醫學院的教授聯誼會邀請我在八十一年的最後一次月會中，爲他們介紹有關教育哲學的基本觀點。醫學院的同仁對哲學有興趣，我覺得十分佩服，佩服他們的求知精神與謙虛態度，因此毫不猶豫欣然答應他們的約請。

事有湊巧，十二月正逢台大前校長傅斯年先生逝世四十二週年。傅校長一生在學術上與政治上都有卓越成就，但是四十二年來最受人引述的尊稱卻是他僅僅擔任一年餘的台大校長。只要一提「傅校長」，大家都知道所指的是他。更難得的

是，由台大醫院發起紀念傅校長逝世四十二週年的活動，邀請虞兆中先生、魏火曜先生、葉曙先生、陳楷模先生敘說他們對傅校長的回憶與懷念。一事不煩二主，聯誼會希望我在介紹教育哲學時，一併談談傅校長的教育理念。

演講會開始之前，擔任主持人的金傳春教授特地說明：有些人好奇地問她，傅校長與演講的傅教授有何關係，答案是沒有任何關係。我自己也不止一次聽到同樣的問題，好像姓傅的人不多，又先後都在台大任職任教，大概有些淵源吧？我樂於趁此機會澄清。傅校長是山東人，民國三十九年辭世。我原籍上海，民國三十九年在台北出生，從小在桃園鄉下長大。不過，傅校長的成就使所有姓傅的人都覺得「與有榮焉」，則是不爭的事實。

關於傅校長的教育觀，可以就現實與理想兩方面來說。在現實的一面，他批評的是當年的教育界，直陳其弊，今日讀來仍有虎虎生氣。他特別提及以下五點：

一、**過渡與目的**　當前各級學校大都成爲過渡階段，爲了往上升學而設，即使大學畢業，也只是爲了找個職業。他認爲，從小學開始，各級學校本身都應該有其目的，使國民不論教育程度的高低，都具備相當的知識與能力。

二、**遊民與能力**　學校畢業的人往往「四體不勤，五穀不分」，成爲社會上無用的遊民，頂多空發議論而不能落實。他強調應該培養眞正有用的人。

三、**文憑與學習**　念書大多爲了取得文憑，社會也以文憑判斷一個人的價值。於是，學生在校的學習態度及效果並不好，以爲只要混一張文憑即可。他引用吳稚暉先生所說：學生像麵筋，學堂像油鍋，進了一趟學堂，就像麵筋下油鍋，膨脹好幾倍，其實裡面是空的。

四、**階級與均等**　從前受教育是富貴人家的子弟的特權，現在則應重視機會均等。機會均等並非齊頭平等。茲舉演講會當天陳楷模教授所說的例子。他是傅校長任內招生考進台大醫學院的。當時本省學生多講日文與台語，對於國文科的作文深感頭痛。傅校長乃決定作文題目分兩種，本省學生的題目是「我的母親」。陳教授對此津津樂道，充分表現他對傅校長的敬愛之情。當然，四十多年以來的大學聯考代表了機會均等，但是其中是否也有不少後遺症？無論如何，機會均等是正確的想法。

五、**幻想與現實**　教育應該落實，但是傅校長不是現實主義或功利主義。他鼓勵台大學生嚮往西哲史賓諾莎所云：「奉獻這所大學於宇宙精神」，開拓心胸、高尚其志；同時他也以「敦品勵學，愛國愛人」爲台大校訓，十分切合我國傳統對知識分子的期許。

其次，就理想的一面而言，傅校長千言萬語只是強調「誠」，就是他所說的「不扯謊」。若是不誠，如何追求眞理，又如何研究學術，至於立身處世更將問題重重。一個人若以眞誠態度待人接物，並且終身行之，就是受過教育的最佳證明，甚至是唯一的證明。

專就大學教育來說，他認爲應該平平凡凡、老老實實維持一個念書求學的環境與風氣，千萬不可追求速成效果與轟轟烈烈的作爲。他引用老子「以正治國，以奇用兵」一語，認爲辦大學屬於「以正治國」，平淡平實去做，才能造就社會的棟樑之才。

一個人在科學探索的道路上，走過彎路，犯過錯誤，並不是壞事，更不是什麼恥辱，要在實踐中勇於承認和改正錯誤。

——美國科學家　愛因斯坦

Part 2

快樂的自我主張

保持一顆追求的心，
在過程中也許就會感受到明朗的喜悅，
千里之外，
還有許多師友在共勉努力。

生命中不可承受之輕

人心，如果不借力於書本，不借助於理想，下墮之勢比西齊弗斯的巨石更加迅速。

十年前教過的一位學生從美國來函，名字我依稀記得，信的內容卻讓我沉吟良久。信中反映了追求人生意義所面臨的試煉，極有代表性。以下是來信內容，我將在下一篇文章中回答。

這封信是遲來的一封，因爲它在我腦海裡不知已寫過幾千遍，又刪改過多少次。始終未能投出的原因很簡單，因爲我想一個人如果連自己的問題都無法解決時，世界上還有誰能代他解決？「承擔」，在社會制約的層層束縛下，它代表成熟與責任，是邁入中年時期必須佩帶的光榮徽記；然而，步入生命中的成熟期，我卻無法承擔所謂的責任與義務。

離開校園已有七、八年，結婚、生子，走上所有社會人應走的路。所謂的「中道」並不能給我任何幸福之感，在我的朋友、同學都被世俗化的同時，我還常常感覺到生命中那不可承受之輕，如理想、夢想與狂想。當身處高級知識分子的週末聚會時，我除了嘆息與聆聽外，手足無措。因爲他們都是留美博士，在各人專業領域中擁有傲人的學經歷，然而只要你仔細傾聽，就會驚覺其言談內容之匱乏，彷佛生活只要柴米油鹽醬醋茶七寶俱備，即可一生無憂。他們笑，因爲加薪了；他們嘆，因爲裁員了；股票上爬又下滑，人心浮起又沉下，金錢以各種形式融入人心之中。我看到所謂的菁英與秀異在中國城與武俠小說中迷醉自己，沒有人談人生，沒有人談哲學，甚至，沒有人有話要說，只是沉默的咀嚼自身的寂寞。

理想主義到哪裡去了？是不是所有的理想主義與生命抱負在一個人度過生命

的青春階段就死亡了？一個如此易死、易朽的精神狀態爲什麼能領導人類文明作出驚人的跨越之旅，從蒙昧到有知，從原始到文明？

有太多的人在進入四十以後，便不再閱讀，因爲「犯不上」「自找苦吃」，他們是誰，是賣菜的，是醫生，是病人，是工程師，是電子工人，是成千上萬頭碰頭的血肉之軀。在人世的洪流裡，我只看到一樣東西，欲望流過來又流過去，以爲剛過，其實沒走，人心在這條大河中不覆頂的恐怕少之又少，因而在奮勇上泅時，如果不借力於書本，不借助於理想，下墮之勢比西齊弗斯的巨石更加迅速。

我的困惑是：

一、爲什麼有些人一輩子可以不用大腦這個部分，只用肉體四肢便可以飲食男女「這樣過一生」，而且「快樂如一隻獸」？

二、理想主義的精神要怎樣護持愛惜，落實生活中，才能從青青子衿過渡到生命終點？

三、達爾文爲什麼在七十歲的自傳中要嘆息，嘆息他的感性能力已消失？在多情與愛智，感性與知性中，哪一種能力較爲重要？生活本身已夠辛苦，感性幾乎昂貴到不可妄想，不是嗎？

四、在我多年爲了堅持理想，以持續性的閱讀與寫作做爲自身生活紀律時，爲什麼寂寞之感不減反增？我不是維斯康堤《魂斷威尼斯》中眷戀美少年的主角，對青春幻影有所迷戀，只是迷信人不能沒有理想，沒有精神之愛，然而，這種信仰使我變得怪異，與衆不同，使我無法與其他「正常化」或「世俗化」的社會人有同一頻率互相感應。我厭憎社交，卻必須經常宴飲；痛恨閒聊，卻必須耐心聆聽。每次耗費數小時的無謂言談，使我有痛不欲生之感。這種痛苦是眞眞實實發生在我每一寸肌膚每一根神經上。

我在想，如果把這些時間儉省下來，讀完我未竟的書或寫一篇文章，不知有多好。於是痛苦自顧自生長蔓延，我開始連家務都覺耗時，有一次爲了思索一個藝術史上的問題，把整瓶胡椒倒進湯中，而蛋花湯是不應放胡椒的。總之，生活變得很混亂，我覺得是不是自己有問題了？否則爲什麼我看任何人都不順眼了？如果是的，那麼一個人是不是不應該放太多力量在腦袋上，而應該學禽獸，四肢著地，腳踏實地的過日子？

五、是思想先於生活，還是生活先於思想？請問您，在後現代風狂飆的二十世紀末，人應該何去何從？當藝術上吹起回歸歷史走入民族的溯古圖騰風，而現代主義標榜原創精神，破舊迎新的路線遭到無情的挑戰時，在實際的人生裡，我們是否也應該回頭，重新注視那些破舊老邁的金科玉律與生活規範？爲什麼後現代主義的理論大師，學術祭酒傅柯（Michel Foucault）爲了追求尼采式的自我超越哲學，不惜以自己的生命做爲哲學理念的羔羊？在「掙脫自我」的格言下，奉行各種縱欲與性愛的實驗，爲了體驗，更爲了證明人是有絕對自主力量的實體，他空前的自我解放，在學術大海中跨越自如，在兩性互動中也極盡所能，而他的理念卻通往愛滋病的死亡幽谷，爲了成就他個人的超人哲學與實證精神，架構出體系龐大的後現代理論，而死卻成了最後註腳與終極審判。難道是生命極其尊貴，吾人不得輕侮戲弄？

請問您這些問題，不敢期待回答。

閱讀所獲得的最大快樂，是好像透過一面鏡子，看到自己的心靈。

——英國作家　湯瑪斯

找出自己信服的理由

現代與後現代的爭端，只代表知識界的風尚，回歸文化傳統才能啓發亙古恆定的智慧。

在〈生命中不可承受之輕〉一文裡，我轉錄了十年前教過的學生從美國寄來的信。當時我教的課是「哲學概論」，核心觀念並不複雜，就是以哲學爲「價值取向」。人有自由，可以而且必須選擇，人生即是一連串的選擇所構成的。選擇正是「價值取向」的具體表現。

於是，問題出現了。首先，我們在學會思索價值取向之前，已經盲目而被動

地接受了世俗的觀點。世俗觀點使人舒適安逸地過日子，直到發現自己內在另有一種聲音。外在的附和，不能平息自我追求特定價值的要求。即使我接受世俗觀點，我也須找出自己信服的理由，我非得知道「爲什麼」不可。

接著，人類社會在歷史長流中，早已累積了無數的精神資產。那是少數菁英的成就，但無疑是凡人可以分享的。於是，價值遂有高低雅俗之別。對一個失學又失業的流浪漢，一瓶米酒無異於一本《聖經》的安慰。再美好的東西也須隨著承受者的容量而增減。我們正是「承受者」，而「容量」卻大有彈性，端視自己是否有心開發而已。哲學的作用，在使人自幼接受的價值觀，得到「化隱爲顯」的機會，以清醒的意識活在人間；其次，更要昭示價值之層級與人性之需求之間的對應關係。譬如，人有知、情、意之潛能，相應的是知識、藝術、道德，三者可以分途發展，最後必可相通，除非自己畫地自限。

更重要的是，我們「犯得上」如此「自找苦吃」嗎？在此，出現矛盾的狀況。第一，這是自找苦吃，像英國哲學家彌爾（J. S. Mill）所質疑的：「你願意做一個痛苦的蘇格拉底，還是做一隻快樂的豬？」追求更高境界，當然要付出代價，理想之所以爲理想，怎能與現實妥協？第二，珍惜理想、提升心靈，難道不是無怨無悔的選擇嗎？難道不會帶來莫大的幸福嗎？蘇格拉底的痛苦只是俗世的判斷，他內心常有精靈呼喚，自覺清明在躬，意態悠閒，獨處時安詳自在，面臨誣告受審時，侃侃而談，像在教訓大審判團，更像在爲歷史見證人性的潛德幽光。「求仁得仁，又何怨？」何止不怨，心中所樂之道簡直遠非言語所能形容。

處身於美國的華人社會，交往於衆多博士學人之間，難免產生錯覺，以爲這是一時之選的菁英團體。其實，博士只是窄士，學人只是爲了謀生，與凡人無異。沒有期許，就沒有失望，也就不致心生挫悶。「欲望」流過來又流過去，表面的衣著裝扮與眞實的人生境界，牽扯不上任何關係。這種現象自古已然，無從苛責。所能期待盼望的，唯有對於自己。中年之後，還願意閱讀及思考，還能感受到生命的品質需要提升，爲了堅持理想而有「痛不欲生」之嘆，這些都證明了自己與生俱有的「智慧胎兒」仍然存在，並且渴望成長。這樣的人，也就是自問「是不是自己有問題」的人，反而是沒有問題的。反之，不覺得自己有問題的人，卻是投降於俗世、浮沉於大海中的生命，我們也不宜多說什麼。達爾文嘆息感性能力已消失，使他無法體悟大千世界令人驚訝的無窮的奧妙。他的嘆息正是以反諷的方式肯定了自己的清澈洞見。

中世紀有一句格言：「先吃飯，再談哲學。」先後有別，但是目的十分清楚，吃飯是爲了談哲學。生活與思想的關係亦然。到了中年，生活安定，卻正是思想躍動，準備一展身手，在人類共有的心靈舞台上恣意品嘗眞善美的結晶的大好時機。現代與後現代的爭端，只代表知識界的風尚，回歸文化傳統才能啓發亙古恆定的智慧，但是如何跨越象徵與形式的局限，消融語言與文字的隔閡，以求直探意義核心，則是每一個人自己應該負責的，只要保持一顆追求的心，在過程中也許就會感受到日益明朗深刻的喜悅。別忘記，千里之外還有許多昔日師友在共勉努力。

人的智慧掌握著三把鑰匙，一把開啓教學，一把開啓字母，一把開啓音符。知識、思想、幻想就在其中。

——法國作家　雨果

可敬又可愛的獨行者

凡人所追求的，他無動於衷；他所追求的，凡人望塵莫及。

教書超過十年，總會遇到一些特立獨行的學生，有時想到他們的表現，不禁口誦韓愈〈師說〉中的一段：「弟子不必不如師，師不必賢於弟子。」最近常在心中浮現的是賴顯邦。

這要從我愛好翻譯及出版談起。我於一九八四年返國後，教書熱忱十足，曾在課餘鼓勵同學翻譯，再義務爲他們修改，一如當初我向王秀谷與項退結兩位老師學習翻譯的過程。也許是我的標準過高，也許是同學們不願吃苦，總之幾個月下來師生雙方皆喪失信心，我也未能教出自己滿意的學生。

第二年，我教「形上學」，來了一位旁聽生，正是顯邦，他利用下課時間，出示他爲自華出版社所譯的雅士培《大哲學家》書中的譯稿，請我提供意見。其中〈四大聖哲〉部分，正好我也譯過，因此談得甚爲投機。顯邦當時已自文化大學三研所取得碩士，由於有心專研，翌年又考入台大哲研所碩士班就讀，正式選修我的課。

有一年，我開了一門「哲學翻譯與詮釋」，只收五個學生，顯邦程度最高，已合乎「信、達」的要求，「雅」則是個人文采風格的問題，不是老師可以教的。顯邦後來成立「廣陽譯學社」，能以翻譯的本領在社會立足，選擇自由的生活型態，進而使我刮目相看。

首先，他的興趣在印度哲學，乃申請到尼泊爾苦讀半年，回台大後，覺得學校的考試制度不甚合理，遂放棄學籍，自謀生路。他隻身赴北大聽課，結識不少研究生，就設法聯繫台灣出版商，讓這些研究生靠翻譯專業著作，可以大幅改善生活條件。有時聽他談起，要如何培養北大的博士生云云，好像他自己是有錢的老闆，其實他是我所見過最窮的朋友之一，只是因爲有心於學術事業，加以本身物質享受的欲望極微，所以自然發出一股浩然正氣，這種氣魄使我敬佩不已。

去年暑假我有大陸之行，到了北大附近自然設法買書，顯邦當時在台北，我的嚮導是顯邦介紹的朋友，他特地帶我去顯邦所租的地方參觀。我走進一個小院落，不敢相信自己的眼睛，因爲嚮導指給我看的，是一間大約三坪的房間，其中一張木板床及小書桌之外，只有屋角堆著幾箱書。簡陋的程度甚至不及三十年前台灣的鄉下住屋。顯邦在台北念書多年，大都市浮華享受的風氣對他絲毫不起任何作用，他年紀輕輕就早已擺脫現實世界的誘惑，這是如何不易的事。

顯邦由於經常往來兩岸，不免幫忙師友帶些必備的參考資料，後來乾脆多帶一些書，以合理價格轉售給相關領域的研究者。我書架上的大陸學術作品，除了上次自己前往購買的之外，幾乎都是顯邦代勞找到的。有時中午前後，我到台大新生南路對面用餐，一過馬路就看到顯邦夫婦擺的書攤，許多台大師生熱切地翻閱，我也從不空手而返。

在別人眼中，他也許只是個偶爾擺書攤的人，擺的都是大陸文史哲作品，甚至包括少數民族的語文、宗教信仰等十分專業的研究成果。這哪裡是作生意呢？他訂的價格也比一般進口的大陸書籍便宜一半。同時，遇有昔日師友來買，他再主動打折。他的心情大概有些像我二十幾歲時辦出版社一樣，遇到喜歡的人，就很高興了，錢財等身外之物，何足道哉！

事實上，他有碩士學位，他在支助幾位北大博士生作研究，他自己則是翻譯高手，又對印度哲學頗有功力。唯一特別的是，他喜歡自由的閱讀及研習生涯，就靠自己的力量維持最低生活水平。他的妻子與兩個孩子也都跟著安貧樂道。若由世俗眼光去評論顯邦，很快就會覺得不妥，因爲凡人所追求的，他無動於衷；他所追求的，凡人望塵莫及。像他這樣的獨行者，是既可敬又可愛的。

生活得最有意義的人，並不就是年歲活得最大的人，而是對生活最有感受的人。

——法國哲學家　盧梭

常讀好書益人神智

專心致志，常讀好書，總能益人神智、變化氣質，就連思想與文筆也有可觀之處。

我喜歡一個書鎮，上有胡漢民先生所寫的「惟讀書益人神智」七字。讀書使人受益，原是基本常識，但是中學生能有這種體認嗎？我經常接到年輕朋友的來信，所得啓發遠勝過我能提供他們的意見。私人之間信函往來，未必適合公開發表，但是若有鼓勵大家堅持正確信念的作用，則不妨善意視之，從正面去評估。

本文所謂「正確信念」，是指向學的心志。只要專心致志，常讀好書，總能益人神智、變化氣質，就連思想與文筆也有可觀之處。以下轉錄的一封信，出自一位高中剛畢業的學生，其中對我的肯定之詞可以略過，她個人對自己的剖析則是重點所在。

傅教授：您好！雖然您不是托爾斯泰，我也不是羅曼羅蘭，但我們都正在這樣的角色裡。我希望，如果您能看到這封信，請您原諒我的冒昧，並體會我心中的苦惱與困惑是驅使我寫下這封信的重要原因。

我今年十八歲，因爲聯考並沒有爲我開一扇大門，因此我決定明年赴美念大學。這樣的決定並不匆促，而且，我對這個決定滿懷希望，我能看見更開闊的世界，學習更深更多的眞理，這使我格外興奮。父親建議我念企管，因爲將來工作好找，賺錢也比較容易，可是，這建議卻讓我猶豫不決。因爲，我想念哲學。

其實，我懂得什麼是哲學嗎？我又明白哲學能帶給我什麼嗎？不，我只是一個愛看書、讀書的女生，如果可能，我希望圖書館就是我的家。我廣泛地閱讀各種的書，並深深被浩瀚的知識所懾服。爲了康德、赫曼赫塞，我甚至學了德文。

我的力量很小，但是我妄想隨這世界的知識共旋轉，然而，我困惑的是，以我這樣的理由，我能就此決定我要念哲學嗎？如此單純的喜歡念一些哲學的書的興趣，能讓念哲學系這樣一個行動，使它獲得更有意義的茁壯嗎？

世上追求眞理，讓自己活得更有意義的方法有許多，閱讀書籍也是其中一種。但，這不是一道雙向公式，閱讀書籍不見得就能讓自己活得有意義。因此，我願意試著念哲學系，學習如何在適當時候約束自己的想法，如何有條不紊分析它，又如何在應該的時候運用它。哲學系能教我這些嗎？我又能學到哪些呢？

您，是唯一，也是第一個在哲學範圍裡我所能想到、能請教的人。如同羅曼羅蘭，我對這封信的回音不敢期望，但，您不必如同托爾斯泰，因爲，從寫這封信的起到完，它本身就已經給了我很大的幫助。謝謝您。

祝聖誕快樂。

想了解哲學的女生△△△

一九九二，十二，十五

接到這封來信，我的感動混合著欣慰，但是仍然冷靜下來，回一封信：

△△△同學：收到來信，很難不拋開手邊的事，先作一簡單的回覆。由來信已知

你文筆流暢，思慮清晰，念書的成效躍然紙上，以你的年齡，足可爲此自信甚深。至於來日念企管或哲學，皆是你所能勝任者。

暫時可作此想：美國許多大學第一年尚未選主修，你可以利用此時選一兩門哲學課旁聽，看是否眞有興趣。我常說：念哲學系與念哲學未必是同一件事。對哲學的終身興趣才是最重要的。若考慮就業與父母期望，則不妨念較爲實用之科目，待可以在社會上安身時，再作個人之哲學探討，只要有心，終能優游於哲學天地。我相信你可以做到。祝堅持初衷。

我不是托爾斯泰，這位年輕朋友卻可能成爲羅曼羅蘭。當然，面對人生的抉擇，除了自己，誰能提供參考的指標？也許答案就在「向學的心志」上，我對這封來信所反映的文化水平，印象十分深刻。我們的聯考與大學拒絕這樣的學生，究竟是誰的損失呢？

書是全世界的營養品。生活裡沒有書籍，就好像沒有陽光；智慧裡沒有書籍，就好像鳥兒沒有翅膀。

——英國劇作家　莎士比亞

她是我眞理之途的同伴

在探討眞理之途上，我不是年輕朋友的老師，而是他們的同伴。

基隆女中的林同學在國中時代就曾寫信給我，討論有關升學與抉擇的問題。最近她又來信，談的題材更深入了。這些題材對於高中生，雖有「曲高」之嫌，卻未必是「和寡」的。我先照錄原信，再稍作回應。來信說：

傅教授：您好！對不起，每次都要打擾您，希望您不要介意！最近我反覆聽您演講「尋找眞正的信仰」的錄音帶，您在演講中說到，不要問別人「我應該信什麼教？」而要問自己「在自己的生活周遭的人群裡，有誰是最特別的，以至於看到他就非常嚮往、欣賞他這個人的做人做事的風格？」還有，什麼宗教的象徵與符號對我「開顯」？在這兩個問題中，第一個問題我很容易回答，因爲我有一位同學，爲人謙和，功課又好，在她身上幾乎找不出一丁點的瑕疵，對我來說，她簡直就像個聖人，而她是位虔誠的基督徒。我也就是從認識她以後，開始閱讀《聖經》的。

可是第二個問題，我總覺得自己回答得有些模稜兩可，因爲我奶奶是個虔誠的佛教徒，回鄉下時難免要拜拜佛祖，上上香的，可是我們家本身並未信仰任何宗教。因此，我既進廟宇，也上教堂，我曾拜拜，也常祈禱，我看佛經，也讀《聖經》。對我來說，無論是佛教或基督教，我都十分熟悉；到底是誰對我眞正開顯，我並不十分清楚。當我遇到困難時，我常下意識地口中念著禱告詞，腦子裡卻浮現出廟的景象，那麼到底哪一個才是我眞正的信仰呢？我常羨慕別人在一開始還沒有懷疑之前就選好了信仰，而我卻仍在徘徊猶豫著！

另外，我還想請教您一個問題，我最近正在學《孟子》，在《孟子》中，我發現很多譬喻都是舉舜當例子，例如：「雞鳴而起，孳孳爲善者，舜之徒也；」「舜發於畎畝之中；」「子路，人告之以有過則喜；禹聞善言則拜。大舜有大焉，善與人同，舍己從人，樂取於人以爲善，」「舜，人也；我，亦人也；舜爲法於天下，可傳於後世，我由未免爲鄉人也，」甚至於「舜何人也，予何人也，有爲者亦若是。」等等的例證，但同樣是聖人，爲什麼不舉堯爲例呢？是否堯尚不及舜偉大？或者是像《論語》中說的：「唯天爲大，唯堯則之」，因爲堯每樣都很好，顯不出特別的好，就像大地孕育萬物一樣，大家找不出他好在哪裡，所以沒有以他爲例呢？還是大家對舜比較熟悉，所以以舜爲例？」

對不起，常常寫信去煩您，希望您不要覺得我很煩！謝謝您。

敬祝教安。

林△△敬上

八十二年六月八日

高中學生思考這些問題，尋索其中的答案，足以證明「後生可畏」。我爲年輕朋友感到高興及驕傲。

就前兩個問題來說，宗教信仰原是屬於奧祕的領域，不能像知識一般，找到客觀確定的答案。林同學對佛教與基督教都有「機緣」，但是談到「開顯」，則不是那麼容易的事。開顯除了明白宗教中的儀式、符號、象徵、神話、教義、戒律之外，還須配合內心的感動與眞誠的信靠，有如在變遷無常的世界看到永恆的光明。因此，也許機緣成熟之後，才有眞正的開顯。目前不妨盡好本分，在求學做人方面自我要求，將來體驗更深時，再想開顯如何？

其次，有關孟子以舜爲例的理由，也許是因爲舜在位長達五十年，德治普化、萬民受益，爲中國文化奠下了不朽的功業；或者是因爲舜從小的處境極爲艱困，卻能秉持良知良能的指示，從事道德修行，符合儒家「修身、齊家、治國、平天下」的最高理想。相形之下，堯的生平事蹟記載較少，具體的成長過程亦非大衆所知，若是舉他爲例子，效果也許會打折扣。但是，這些都是「可能的」解釋，未必不能再作深入剖析。

總之，林同學沉思上述問題的勇氣，是令人敬佩的。在探討眞理之途上，我不是年輕朋友的老師，而是他們的同伴。

如果我比笛卡爾看得遠些，那是因為我站在巨人們的肩上的緣故。

——英國物理學家　牛頓

人的潛力可以不斷開發

我雖不能改變命運，但是可以改變我對命運的態度。若有合宜態度，人生幸福就不再是鏡花水月了。

一般所謂的「有用」與「無用」，是指實際效益而言。實際效益的判斷標準又以世俗成就爲主，如名利權位。但是，如果進而追問名利權位「本身」即是目的，或者另有目的？則答案應該是另有目的，如：使人幸福。由於幸福是遙遠的理想，容易被人遺忘或者看得模糊，以致世間大多數人以爲成就即是幸福。

但是，自古以來得到名利權位的人之中，多少是幸福的？答案恐怕令人失望。不過，我無意走向另一極端，好像犬儒或阿Q，以嘲諷世人爲樂，或者標榜一種名爲崇尚精神而其實是逃避世界的觀念。說得明白一些，我的看法是：人生是爲了追求幸福，幸福有兩項條件，一是必要條件，二是充分條件。必要條件是在世間取得基本的生活資具，找到職業，養家活口，沒有立即而明顯的威脅。與此相關的有：穩定的人際關係、尚可的健康狀況等。

幸福的充分條件則是通情達理的人生觀，能夠接受及欣賞生命的豐富內涵，由此孕生安分知足、內得於己、精神自在之情操。這是人文教育的目標所在，如文學、藝術、宗教、哲學、史學之類的學科，表面看來不能立即產生實際效益，但是卻能塑成一套完整的人生圖案，幫助我們展現生命的意義、品味生命的價值。我經常存思的一句格言是：我雖不能改變命運，但是可以改變我對命運的態度。若有合宜態度，人生幸福就不再是鏡花水月了。

因此，當我們思考「哲學是否有用」時，應該把「實際效益」一詞延伸爲涵蓋整體人生的幸福，然後看看在必要及充分兩項條件上，哲學能否發揮正面功能。

然而，即使哲學對人生有用，也不能代表「念哲學系的人都懂哲學，因此都可以由哲學受益」。一般人對「哲學」一詞的觀念比較含混，原因之一即是「哲學系」給人的印象難以捉摸。哲學系是大學中的一系，究竟它在教什麼？它教出來的學生有用嗎？這些問題似乎才是一般人在具體上想要了解的。

上週接到一位家長的電話，問我「到底哲學系在念什麼？念出來有什麼用？爲什麼她的兒子想要由電機系轉到哲學系？」我在電話中如何清楚回答這樣的詢問？當時我只能就第三個問題安慰這位焦慮的家長，指出她的兒子居然了解自己的志趣，願意轉到哲學系，將來應該會念得不錯；只要念得不錯，任何一系的畢業生都會有很好的出路云云。

大學並非職業訓練所，何必把有用與無用的考慮放在謀職一事上？多少人是「學以致用」的？人的可塑性、適應力，與緣分際遇，在大學畢業之後仍有極大空間可以開展。那麼，何不把大學當成「培養正確人生觀」的地方呢？人生觀像指南針，是我們航海所不可或缺的；人的一生不正像是大海行舟嗎？

即使在具體上，哲學系畢業生也有良好的表現。以八十二年台大哲學系的畢業生爲例，四十人畢業，考取各大學研究所的多達二十三人次。去掉重複考取的，也有十八人上榜，佔畢業生的百分之四十五。這個比例說明許多學生在國內有了基礎訓練，可以繼續深造。別的學生之中，有陸續預備出國的、服兵役的，以及直接投入社會的。因此，就一個大學的系來說，哲學系的出路或用處，並不比大多數的系遜色。

即使直接就業遭遇了一些困難，也不表示哲學無用。人的潛力可以不斷開發，經由挑戰而成長，總能找到安身的途徑。然後，哲學教育以充分條件的姿態出現，助人思索人生的意義，獲享眞正的幸福。方東美先生說：「哲學不能烘麵包，但是能使麵包增加甜味。」人生的目的也不光是吃麵包，而是要細細品嘗生活的滋味。因此，就怕自己沒有念好哲學，只要念好哲學，就會體認它的有用了。

人生生活的真諦，是做一些有用的事。

——英國白衣天使　南丁格爾

我是記者，能否讓我錄影？

一旦離開校園，或者由社會的角度來看，老師的優越地位未必可以維持。

教書原是十分單純的事。按時上下課，認眞講述教材，該考試就考試，學期結束打個分數，師生之間大家揮一揮衣袖，不帶走一片雲彩。老師的事業在學校，學生只是過客，停留幾年之後，各奔前程。

既然學校是常設機構，又負有承先啓後的使命，因此定期總要出版一些簡介，以廣宣傳。書面資料不夠生動，就以視聽器材配合使用，何況台灣大學設有

「視聽教育館」，可以在這方面自給自足。我在開學之初接到通知，說最近會派人到各系拍攝上課情形。

四月二十二日是星期四，我照例在下午有「哲學與人生」的大班課，三百多個學生擠在共同教室，上起課來自然情緒高昂。上到一半，忽然發現後門有人扛著攝影機，向著教室內拍錄。我想到學校的通知，以爲是在錄製各系上課實況，就沒有放在心上。幾分鐘之後，那位攝影人員繞到教室前門，進了教室走近講台，小聲對我說：「我是中視記者，能否讓我錄影？」

我頓時感到詫異，但是講課正在興頭上，怎麼可能停下來搞清楚怎麼回事，只好無奈地說：「快些錄吧，不要妨礙我們上課。」幾分鐘之後，這位先生完成任務，扛著攝影機走了。學生們心地善良，在教室裡完全信賴老師，因此也都面帶微笑，甚至有些興奮的情緒呢。

電視公司爲什麼要拍錄我的上課情形呢？我不知道，也無從去探聽答案。但是，無論如何，這總不是一件壞事吧！我這樣安慰自己。

回家之後，我與家人出外用餐，根本忘了這件事，也沒有想到要去看中視新聞。

晚上九點多，老友復甸打電話來，說：「今天在電視新聞看到你了！」我忙問他怎麼回事。原來眞相如下：中視爲了報導一件美國校園的新聞，有關某州立法禁止「師生戀」的消息，就到台大問了一些學生的意見，然後爲了凸顯學生求知的熱忱，就拍錄一段大班上課的背景影片，所拍的正是我的班。

如果想開一點，把自己當做無名氏或是道具，面貌模糊地閃過鏡頭，讓新聞記者達成報導「主題」的任務，未必不是一件功德。但是，我應該有權事先知道怎麼回事，否則即是有欠尊重。對我的學生也不夠禮貌，甚至可以說，妨礙了我的上課。

換言之，如果我事先知道新聞的主題是「師生戀」，我會答應他們拍錄嗎？試問：有哪一位教授會答應他們拍錄的？

第二天，陸續有學生及朋友告訴我，他們看到這則新聞畫面，都覺得「啼笑皆非」。畫面中並未寫出我的名字，並且據說我根本不看鏡頭，仍然專心教書。但是，能夠一眼認出我的人，還是有一些。這些認得我的人，其實正好構成了我的世界的大部分。那麼，我自然應該對於中視新聞這種「怪異作法」表示不滿了。

話說回來，如果要我表示對「師生戀」的意見，未必沒有一大套理論。譬如：一、首先要界定「戀」的實質內涵，若是一般的男女戀愛，則再問：二、能否等到學生畢業之後再續前緣？若是男未婚、女未嫁，兩人又都成年，那麼從前有過師生關係，有何不可？但是，通常談到師生戀，問題焦點總是雙方正有師生名分，而又明顯表現戀愛的事實，然後在校園中、在家庭裡，引起許多爭議。或者，更嚴重的是：一方已婚，而另一方仍是學生，好像「蒂蒂日記」這部電影所描寫的情況，那麼就不是單純的師生戀了。

眞有此事，誰該負責？當然是老師。不過，所謂負責是指善加開導雙方的心結，尤其是要提醒自己：一旦離開校園，或者由社會的角度來看，老師的優越地位未必可以維持。佩服、崇拜，與戀愛、婚姻，實在是不同性質的情感，甚至是不同世界的東西。

不管發生什麼事，都請安靜且愉快地接受人生，勇敢地、大膽地，而且永遠地微笑著。

——德國革命家　羅莎・盧森堡

誰尊重教授？

讀書使人明理，明理的第一步是懂得尊重別人。

今天教育普及，受過大學教育的人越來越多，但是在基本的明理上，表現卻未必合格。我們面對的「別人」之中，老師總是比較特殊的，那麼，學生對老師是否尊重呢？過去幾年我遇到一些例子，可以做爲參考。

有一次，我到新竹文化中心演講，講完由該中心一位小姐開車送我去火車站，同車還有這位小姐的另外二位朋友。她們三人一路閒聊，話題轉到這位小姐如何考取文化中心的職位，請聽這一段：「當時申請的人很多，其中還有某大學

一個教授的老婆。最後還是我被錄取了。」她提到「一個教授的老婆」，我因爲職業敏感，覺得有些刺耳，就請教她：「請問你是什麼學校畢業的？」

她回答：「輔大。」啊！居然是我大學時的母校，怎麼會有這麼大的變化？

我再問：「哪一年畢業的？」

她回答：「去年。」

然後我對她說：「你對教授的太太，都直呼是某某人的老婆嗎？」

她說：「這有什麼不對呢？」

接著，我們談到互相尊重的問題，結論則是：她不認爲教授除了年齡比較大之外，有什麼值得尊重的。

這是特殊個案嗎？當然不是。

有一年暑假，某新聞周刊爲了替二十多年前的台大哲學系事件翻案，曾經設法採訪我，以下是大致經過。

晚間十時，電話鈴響。我拿起話筒，對方說：「喂！傅佩榮在嗎？」以年輕女子的聲音，連名帶姓直呼我，這實在是新奇的經驗。後來對方說明是某周刊記者，要約時間採訪云云。原來是記者，難怪表現如此特別！

第二天這位小姐依約而來。她的談話口氣像是立法院裡的質詢，咄咄逼人，好像要把台大哲學系的過去與現在，完全說成是由複雜而黑暗的鬥爭內幕所操控。言談之間，她像是有深仇大恨，實在令我費解。

幸好我早有準備，要助教從訪問開始就全程錄音。最後我說：「如果你眞要報導今天的採訪，請你務必忠實而謹愼。若有任何斷章取義或誇張不實之處，我會根據錄音帶，訴諸法律。」

在她一臉驚訝，準備起身離開前，我忍不住心中好奇，就隨口問：「你是哪個學校畢業的？」

她回答：「台大。」

「哪個系畢業的？」

她有些遲疑，然後說：「哲學系。」原來她是我們自己系上的畢業生。我再問：「哪一年畢業的？」

她說：「今年。」

一位剛由本系畢業的學生，打電話給系主任，居然直呼其名，進行採訪時，好像與本系有什麼仇恨，想要鬥臭鬥垮似的。這就是我們的大學畢業生嗎？

當然，身爲老師，我們也該自我反省。然而，台大學生享有高度自由，他們若是刻意避開老師，誰都無可奈何！這件事使我難過了好幾天。還好，這篇報導至今未見刊出。我不願哲學系受到過去的影響，以致耽誤教學，挫折士氣。

那麼，有沒有比較正面的例子呢？當然有。一般而言，懂得尊重及感激老師的人，都是自己有心學習的。譬如，我教過許多外系學生與社會人士，他們經過考慮，主動選擇一門課時，就會十分珍惜。相反的，本系學生大都是聯考分發，未必是自己志趣所在，往往無心學習，對老師也就沒有什麼敬意了。以每年收到的教師卡與賀年卡來說，來自本系畢業生的比例很低。因此，我在大學教書，常覺教育的力量並非社會風氣的對手。也許問題關鍵在於：許多年輕人早就喪失學習的心了。

我們應該每天聽一首歌，讀一首詩，欣賞一幅畫；可能的話，說幾句合理的話。

——德國思想家　歌德

哲學離電視節目比較遠

電視節目，難免要求現場觀眾參與，增加熱鬧氣氛，但是如此一來，知性內涵流於浮光掠影。

每年金鐘獎揭曉之後，照例總會出現一些評論。今年的評論中，有一篇談到某綜藝節目「有計畫地」邀請學者專家組隊參與，主辦單位提供豐盛的獎金獎品。這些受邀的學者之中，有不少是歷屆或本屆的評審委員；既然上了節目，總有一些情感，打起分數也會比較好看。

台灣地方不大，競賽又多，轉來轉去常會碰到熟面孔的評審，只要事先作好人際關係，結果應該皆大歡喜，如果把這項因素考慮進去，大家不妨修改遊戲規則，化暗爲明。如果覺得客觀、超然、公正、無私是最高準則，那麼某些可能涉及「球員兼裁判」的人就應該避嫌了。

我研究的哲學屬於人文領域，對於電視的社教功能大概可以有些意見。有人這麼想，就連續幾年要我擔任金鐘獎「教育文化類」的評審委員。恭敬不如從命，並且自己也確實關心電視的教化作用。不過，這並不是我「拒絕上電視」的主要理由。

最近到文華高中演講，一位學生提問時，說我在台大通識課上批評電視上的談話節目，究竟理由何在？的確，「談話」節目大抵與教育文化有關，也比較可能邀請教授參與。我的批評基於以下三個理由：一、若是涉及辯論，則時間太短，辭不達意，加以主持人強勢主導，只會使眞理一片混淆。二、若是各說各話，則專家的意見與名人的想法紛然雜陳，不僅無法澄清觀念，反而有助長時弊的可能。三、既然是電視節目，難免要求現場觀衆參與，增加熱鬧氣氛，但是如此一來，知性內涵流於浮光掠影，大家都在表現個人主觀態度，而無意學習反省及提升自己的見解。

即使以最直接關聯於教育文化的節目來說，如介紹新書與作家的，效果也未必彰顯。因爲它一方面要顧及暢銷書排行榜上的作品，否則如何找到觀衆？另一方面又不大願意借重學院派的教授，以免曲高和寡，與現實脫節。有一次，一位主持人聲稱自己每星期讀書「十公斤」。以「公斤」的重量來計算書本，固然表示他讀書很多、很勤，但是他讀的是什麼書呢？原來我們念書是要增益心智的，現在卻像是在吃飯了。我也喜歡念書，但是每星期能念多少？往往不到一本。有時還不斷重複去念同一本書。

類似的節目中出現的觀念，如果不作深入剖析，又能產生什麼正面的社教效果？

換個角度來看，眞正以「談話」表達「思想」的節目，往往沒有演出的機會。去年有一家傳播公司想要製作一個「哲學漫步」之類的節目，挑出大家關心卻不易辨明的題材來討論，如美與醜，善與惡，迷信與信仰，罪惡與懲罰，自殺與求生，社會與正義，自然與人文等。企畫案由台大哲研所的幾位博士生構思，

再請兩位哲學教授擔任顧問，結果在傳播公司內部就遭到否決。理由很簡單：收視率可能不理想。

如果參考這種標準，就可以進行下列推論。凡是電視上播出的節目都須有相當的收視率，因而水平不高，適合大眾消遣。如此一來，教授學者上電視的目的與作用就十分模糊了。他們不是去提升水準的，而是去迎合大眾的。他們的頭銜與學識，只是作秀節目的點綴花招而已。

不過，我在明白上述道理之前好幾年，就打定主意不上電視節目，又是什麼原因？其一是五年前上過一個談話節目，後來因故未能播出，使我覺得自己被人捉弄了。其二則是女兒的善意勸告，希望我不要破壞形象。她說電視上出現的學者專家看起來都不太有學問，並且比起明星歌星大都又老又醜。人有藏拙的權利，我又何必自暴其短？

總之，我個人拒絕上電視，並不表示別人也該如此。各人所學的專業不同，像「哲學」，大概與電視距離較遠，至少與目前水平的電視節目是較遠的！

生命多少用時間計算，生命的價值用貢獻計算。

——匈牙利詩人　裴多菲

「改革聯考」出了什麼問題？

與其在改革聯考方面傷腦筋，不如費心改善大學素質。

最近兩則有關大學的笑話，又在市井間流傳。其一是：「念大學的唯一心得，就是發現念大學是不必要的。」其二是：「大學生的唯一作用，就是讓大學教授不會失業。」這當然是兩則笑話，但是卻有諷刺的酸楚。

好不容易進了大學，卻可以「由你玩四年」。上焉者努力學習專門技術，以便他日謀職順利；下焉者閒散度日，混個文憑，對父母可以交代就算了。私立大學勤於點名、嚴於考核，學生稍有顧忌；公立大學崇尚自由，其實是敷衍塞責，坐任學生胡鬧。一個學生出現在課堂上，老師問他上週爲何缺席？他想了想，說：因爲在宿舍打了通宵麻將，第二天起不來，所以缺席了。他當著全班同學如此回答，絲毫沒有羞愧之感；同學們也不覺詫異，反而有些奇怪爲何老師要管那麼多。

老師的情況呢？舉一個比較極端而鮮明的例子。某大學的通識課程中，總有一位教授開講兩門性質相近的課，學生合計六百多人。獲得高分的條件是：買書與考試。平時上課的學生不到十分之一，考試時都是選擇題，結果皆大歡喜，人人高分。這已經形成該大學的傳統之一，是同學們心目中的營養學分。最有趣的是，爲了避免同學借用或購買學長用過的書，教授特別製作一種貼紙，每學期更換新的，讓你非買帶有新貼紙的書不可。根據點名簿，沒有漏網之魚。

這個例子如何傳開的呢？一個大學生修過這位教授的課，得到九十九分；畢業後赴美念書，選修同一名稱的課，考試結果卻是零分。美國教授大惑不解，自然到處向人求證，何以台灣會有這種水平的大學與教授？我必須加上一問：何以會有這麼多大學生（每年兩學期一千多人）爲了營養學分，屈從於這樣的誘惑？

他們的理想呢？志節呢？求眞精神呢？憤世嫉俗的情操呢？

如果有人問我這些令人懊惱的事情發生在什麼大學？請恕我不便直說。原因之一是：各大學也許都有不同程度的類似情況；之二是：不應以偏概全，抹煞了這所大學的其他優點。

那麼，爲何談起這些不愉快的事呢？因爲看到從教育部長到許多大學校長，都在認眞討論「改革聯考」的問題，好像大學教育的主要問題在於「入學方式」。聯考使很多學校以爲自己招不到「合適的」學生，因此必須改弦更張，想辦法獨立招生。果眞如此嗎？

如果有任何大學要抱怨現行聯考制度使它們招不到合適的學生，那麼絕不應該是台大，也不應該是清華、交大，同時還不應該是所有公立大學，因此，聽說這些大學有意單獨招生或區域聯招，我的直接反應是：佔了便宜還賣乖！難道將來的學生想進大學，必須考五、六次試？這些大學都是國家辦的，不該如此折騰國民。

大學新生的素質絕不會因爲入學考試的方式改變，就有重大的突破。台灣的中學生就是這些人，不會因爲篩選方式不同而提升其水平。退一步想，如果調整入學考試的科目，能否導正中學教育呢？譬如只考「國文、英文、數學」三科。我並不如此樂觀。這件事無論如何不宜草率定案，否則難免帶來更大的後遺症。

回到本文的重點，我想指出：與其在改革聯考方面傷腦筋，不如費心改善大學素質。不論聯考怎麼改，學生總須經過激烈競爭，才能進入他們心目中的理想大學。但是，進入大學之後，卻又難免質疑：這就是理想的大學嗎？我奮鬥了十二年，終於進入的這所大學，難道竟是這樣的水平嗎？我的人生豈不有受騙、上當之嫌，但是又該向誰申訴呢？多年以來，大家過度注意聯考問題，而忽略大學教育的內涵。現在應該轉向了，轉向那眞正值得重視的品質問題。教育界的領袖於此可曾深思？

人們常覺得準備的階段是在浪費時間，只有當真正機會來臨，而自己沒有能力把握的時候，才能覺悟自己平時沒有準備才是浪費了時間。

——法國音樂評論家　羅曼・羅蘭

Part 3

快樂的自我期許

以敬畏之心去接觸啓示與經典，
同時在具體的現實生活中，
一步步走出人生的意義。

請把名利看得淡一點

一個人連「時間」都無法隨心所欲地掌握與安排，他不是太貧困了嗎？

由物質上的富裕對照來看：我們在精神上日益感覺貧困的壓力。壓力主要有兩種：一是爲了有形可見的成就而忙碌不堪，二是即使稍有閒暇，也不知如何提高生活的品質。我的觀察其實反映了自己的經驗。

年輕時，爲了滿足父母與老師的期望，爲了在社會上取得立足的條件，除了拚命念書、習得專長之外，談不上高雅的志趣或理想。但是，漸入中年，依然缺乏自主的能力，每天忙著教書、寫作與演講，偶然忙裡偷閒，也會自問：這是我想要的生活嗎？當然不是，我希望過得悠閒一些。凡是家無恆產的人，想要過得悠閒，就必須約束欲望，把名利看得淡一點。名利之關一過，心胸豁然開朗。以我爲例，應該學習如何拒絕。莊子說過一個故事，描寫越國王子搜爲了逃避王位，遁入深山，最後還是被百姓找到。他說：老天，爲何不能放過我呢？

佛教講究的是不執著，無所求於人。道家看得更深，要能不爲人所求。我在演講時，談到道家的智慧與境界，當下心中便覺慚愧。我越描述「不爲人所求」，就越覺得自己太差勁了。莊子地下有知，大概免不了冷嘲一番。

爲了自我解嘲，我高舉「社會責任」的口號，只要有心人多做一些，社會風氣就會改善，至少不會更形惡化。但是，我僅僅擁有這一生，眼看光陰似箭，不免憂心如焚。不如歸去，不如歸去。無法自度，如何度人？無法自安，如何安人？我若始終不忍心拒絕，不管理由是名、是利，還是社會責任，我就無法擺脫「精神上的貧戶」這種可怕的壓力。試想，一個人連「時間」都無法隨心所欲地掌握與安排，他不是太貧困了嗎？

然而，假使有了閒暇，我想要做什麼？台灣的休閒文化仍在感官層次打轉，即使像欣賞美術品與收集郵票，也會沾染濃厚的商業氣息，更不必談庶民大衆的消費與娛樂了。休閒成了典型的「殺時間」，與文化並無關係。

有人問我：如果重新念大學，最希望上什麼課？我的答案很清楚：藝術與文學。說得廣泛一些：我要學習那些「最不實用的」課程。因爲，步入中年時，最不實用的將會轉化爲最具妙用的。反之，中年之後，譬如四十歲左右的台灣居民，一切實用的東西已經沒有多少附加價值與邊際效用了。

若無藝術與文學，我如何安排高品質的休閒生活呢？其實何止休閒生活需要文藝，高雅人生的典型皆不可缺少文藝。以西方古代雅典爲例。伯里克利斯(Pericles)率領大軍在敵對城邦外紮營，作戰計畫已經擬妥。決戰前夕，衆位將軍共進晚餐，討論的主題不再是戰爭與榮耀，而是詩人名句中有關「顏色」的形容詞。旁聽這一席話，會以爲自己誤闖文人墨客的天地中。

你上一次讀詩，是在什麼時候？你最愛的散文是哪一篇？類似的問題不是迂腐的象徵，而是精神漸趨成熟的記號。不要等待將軍，我們知識界的朋友能在酒後暢談詩歌文藝，就已經是一幅十分優美而難得一見的畫面了。

時間最不偏私，給任何人都是二十四小時；時間也最偏私，給任何人都不是二十四小時。

——英國小說家　赫胥黎

精神生活也須用心照顧

我們選擇食衣住行的內涵時，也許相當愼重，但是選擇育樂的內涵時，卻又過於被動及盲目，讓電視任意擺佈。

「消費」是指花錢以滿足個人的需要，食衣住行是顯而易見的例子，現代人則日益重視育樂。育樂是無形的與長期的，花了錢未必立刻見出效果，但是對於個人的精神生活卻十分重要。精神也有生活，也須用心照顧，並且照顧不當，必生後遺症，這是大家不得不正視的事實。

根據一項調查，目前國人有五分之一罹患了「精神官能症」。如果由廣義來看，包括飲食執著與睡眠不寧都算是輕微的患者，則上述五分之一的比例是可以理解的。但是這至少說明了一點，就是：許多人活得很辛苦，或者覺得人生是苦多樂少的。

解決之道是多用心思於安排及調劑自己的精神生活。本文所謂的「文化消費」，特別是指花在精神生活上的休閒及娛樂費用。可惜這種觀念仍未普遍建立。國人宴客動輒一桌萬元，但是多少人願意以相同代價邀請朋友觀賞戲劇或音樂演奏？

換言之，以台北市爲例，展演場所也不盡理想，使藝術無法融入百姓的生活之中。觀賞舞台演出，好像是少數高級市民的專利。附庸風雅的意義大於陶冶性情。若非如此，爲何許多經常出席戲劇院與音樂廳的達官顯貴與富商巨賈，不曾改變氣質呢？這些展演場所只是他們各種社交場合的延伸而已。爲了職業棒球吸引了大衆的興趣，政府有意建設「巨蛋」，也就是大型的室內球場。但是，何不同時多建幾座展演場所，可以一年到頭爲民衆的精神生活，提供合適的休閒機會呢？

我曾赴維也納開會，晚上隨興跟著朋友到音樂廳觀賞。只要不是特別的樂團，不難買到入場券，但是照樣場場客滿，觀衆雖然不少是像我這樣的遊客，但是當地居民仍佔多數。觀賞演奏或戲劇，已經成爲維也納居民生活中不可缺少的一部分了。演奏中場間隔時，觀衆席上一片咳嗽之聲，好像大家都需要清清嗓子，同時也反映出大家在演奏過程中的沉默是對表演者的高度敬意。我端詳附近座位上的面孔，肯定他們都是平凡的市民百姓。如果一般人有了這種文化消費的習慣，精神生活應該是較爲充實，也較爲愉快的。

行政院主計處費時二年，從事台灣地區的文化調查，調查結果值得我們參考。試舉其中一項爲例。國民外出觀賞藝文活動時，主要的誘因有三，依序是：費用便宜，內容大衆化，展演水準提高。這固然反映了客觀的實情，但是請問：我們的對策是遷就它，還是試圖批評它？

如果要遷就，無異於鼓勵大家「在家觀賞電視」，因爲電視完全符合前兩項誘因。無怪乎大約六成的人選擇看電視，同時國人平均每天看電視的時間，長達二小時十一分鐘。最近更有調查學童近視的報告，指出我國兒童平均每日看電視長達五小時，眞是令人不敢置信。

近視是身體健康受損，但是由於看電視或打電動玩具而造成的精神傷害，可能更嚴重。無論如何，國人以「費用便宜」來考慮是否參加藝文活動，就是一種偏差的想法。以目前的生活水平來說，每月以十分之一的收入花在藝文活動上，應該是合理的作法。我們選擇食衣住行的內涵時，也許相當慎重，但是選擇育樂的內涵時，卻又過於被動及盲目，讓電視任意擺佈。譬如，要求「內容大衆化」，無異於附和通俗流行的娛樂，而忽略了「寓教於樂」以及不斷提升心靈品味的能力。後者是保持精神健康的坦途。

因此，在觀念上現代人應有「文化消費」的認識。凡是有益於精神的文化產品，都是別人的智慧結晶。我們怎能以低廉的價格去享用？這種產品的效益當然無法立竿見影，但是如果缺少了它，就會發覺生命的眞實意義日漸浮泛空洞，自己也無法在時代的滔滔巨流中站穩腳跟，以致最後迷失了方向，正是「失之毫釐，謬以千里」，能不愼乎？

生活沒有目標，就像航海沒有指南針。

——法國作家　大仲馬

把台灣改善得像外國一樣好

外國是否眞好，固然有待辨明；但是台灣需要改善，則是千眞萬確，無可置疑的事實。

千代基金會的調查報告指出，百分之五十一點三的國中生「不想當台灣人」，主要原因是：考試太累了。考試成爲他們的生命重心，智育的競爭成爲校園生活的唯一記憶。求知的樂趣蕩然無存，合群的喜悅則遙不可及。他們寧可不做台灣人，卻願意改而選擇做個「美國、日本、法國、香港、英國、瑞士」等國的人。

我們走過類似的成長之路，現在面對年輕一代的痛苦，又該如何回應？大致

有以下三種辦法：一、果眞努力移民，讓子女如願以償，不再做台灣人。二、盡力開導子女，助他們明白外國人也需要經由奮鬥而得享成功的果實。三、束手無策，陪著子女一起撐過考驗期。

表面看來，第三種辦法最無奈，其實卻是大家最普遍採用的。當然，所謂「束手無策」，不是指什麼都不管，而是指接受現實，不作無謂的掙扎，以求平安度過這個階段。我想到兩個典型的例子。一是子女進國中以後，全家三年不看電視，表現同甘共苦的堅強意志。二是爲子女請來各科家教，或者參加各科的補習班，讓他們不分日夜，逆來順受，認定這是唯一的生存之道。

結果往往是全家人一同陷入痛苦的陰影之下。做個台灣人，何以如此辛苦？如果辛苦可以換來幸福，大家或許心甘情願，但是事實卻遠離理想，從國中生之苦延伸到大學生、上班族之苦，再延伸到銀髮族、退休者之苦，幾乎人間是一片苦海了！這是値得認眞思索的大問題。如果焦點拉回國中生，那麼當前的教育如此倚重考試，又如此讓人痛苦，究竟會帶來什麼後遺症？這種教育之下，國中生極易步入以下三條歧路。

一、**庸俗的價值觀**　考試是赤裸裸的競爭，成績決定了學生的價值，是他們在學校與家庭中得到肯定的唯一途徑。那麼，是否可以「爲達目的而不擇手段」？或者，一旦發現自己翻身無望，就轉而自暴自棄，喪失了自信，不然就另起爐灶，追求刺激與痲痺，從沉迷電玩與漫畫，到違法亂紀的吸毒與惡行。他們由學校與家庭所學會的價值觀都是功利的、現實的、享樂主義的、自私的。他們尚未踏入社會，就已經沾染了成人世界黑暗一面的習性。屬於年輕人特有的理想、憧憬、熱忱與勇氣，以及改善世界與人生的志節與抱負，在尚未發榮滋長之前就夭折了。

二、**緊張的人際關係**　明明是同年齡的孩子，卻有學校好壞、班級好壞、功課好壞之分。同儕之間物以類聚，形成高度同質性的小團體，即使小團體的成員之間也是互相競爭比較，以致人人孤立，常有四面受敵之感。中國生產力中心與日本合作調查，特別指出中日上班族的差異。若問：爲何上班工作？答案皆爲：爲了賺錢。再問：爲何賺錢？日本人答：爲了證明自己有能力；中國人答：爲了證明自己比別人強。如果一生都想要「證明自己比別人強」，豈能造成和諧的人際

關係？並且，以一人比眾人，又如何比得完呢？社會上稍有成就之人，常有過度自我膨脹的毛病，甚至對社會充滿敵意，要把自己的成功建立在別人的痛苦上，這些難道不是偏差的國中教育所輾轉塑成的心態？

三、**封閉的心靈**　最可惜的莫過於忽略了自我的其他潛能，如追求知識，培養審美情操，陶冶人格特質，以及確立人生信念。由於無知而錯過這些開拓心靈的坦途，這是人生的最大損失。我國成年人二〇〇六年調查，念書平均一年零點八本，從事義務奉獻平均每人一年一分鐘，藝術活動與低俗的休閒活動完全不成比例，宗教信仰也趨於功利實用與市場取向。這些現象如何可能改善，如果不設法導正國中教育？

國中生的苦其實是整個社會的苦的來源。既然不能大家一起去做外國人，那麼何不努力把台灣改善得像外國一樣好？外國是否眞好，固然有待辨明；但是台灣需要改善，則是千眞萬確，無可置疑的事實。

我們要把人生變成一個科學的夢，然後再把夢變成現實。

——波蘭科學家　居里夫人

肯定自己的價值與尊嚴

念書是好事，但是如果念書是爲了考試，考試是爲了升學，而升學又如此困難，那麼誰還能品味念書的樂趣呢？

沒有壓力，就不會成長；沒有付出，就無法享受。這是人類心靈的運作規則。看似無情，其實公平。美國一項統計指出：富裕家庭的子女，到了中年以後，特別容易感覺人生乏味。未經奮鬥就獲得成功，又如何肯定自己的獨特價值呢！自信與自尊都將受到質疑，結果是得不償失。

但是，相對於此，我們也不忍心看到年輕的一代承受太大的考驗。譬如，台

灣青少年的最大夢魘是什麼？答案只有一個：升學競爭。念書是好事，但是如果念書是爲了考試，考試是爲了升學，而升學又如此困難，那麼誰還能品味念書的樂趣呢？由此觀之，教育官員想要廢除聯考，大力推廣自學方案，實在情有可原。

於是，我們陷入各執一詞與左右爲難的困境了。我的思考方式比較單純，必須考慮以下三點。

一、在橫的側面，比較美國的情況　美國既有完善的教育規畫，又有開放的社會風氣，結果如何？面對十二年國民義務教育，竟有百分之三十的學生無法畢業，因爲「吸毒、酗酒、性氾濫」使他們離開校園。這些人會不會抱怨管教太鬆，以致他們在尚未成年就誤用自由，造成終身遺憾？其次，根據跨國調查，美國高中生的數學程度，平均比日本與台灣落後了三年。延伸下來的後果是什麼？美國擁有博士學位的人，亞裔佔了三分之一。換言之，以教育水平而論，美國人的競爭力日益退化，每年西屋科學獎都讓亞裔佔了一半以上，這些亞裔的傑出表現並非憑藉天才，而是靠著紀律與勤奮。

二、在縱的側面，回顧自己的傳統　華人向來重視教育，認為那是啓迪心智、開發潛能、創造理想的必經之途。過去受到政治、經濟的局限，教育機會並不普及；現在既然政治民主、經濟繁榮，誰不希望子女好好念書，由此出類拔萃，甚至光宗耀祖？由念書而得到好的生活條件，是一回事；更重要的是，由念書而肯定了自己的價值與尊嚴。任何社會都需要有共同接受的遊戲規則，否則大衆若不心思茫然，就會趨於浮面與現實，把財富與權力當做人生目標。台灣似乎正在走向此一歧途。因此，我們不必抱怨祖先為何如此重視念書，卻須由此肯定知識的重要，並且個人與社會若不以知識為共同基礎，又要以什麼來建立共識呢？

三、在個人方面，認清特定的目標　念書是為了什麼？終究是要進入社會，謀職安身、成家立業。但是，接著還會面臨一個隱然卻常存的問題：如何使我的人生有意義？或者，如何讓自己活得快樂又踏實？在此，衆多參考路線之中，有一條最寬廣的是：保持求知的興趣。不過，台灣的情形並不樂觀。成年人平均一年念書只有零點八本，相對於日本的二十七本，是我們的四十倍。於是，社會的

理性成分偏低；國民教育如此普及而國民心態如此易受情緒感染，如此易受媒體的消息（不管眞實的或捏造的）所左右，其原因或許在此。

以上述三點爲思考背景，再反省自學方案的問題，或許較爲客觀。自學方案試辦了幾年，參加試辦的學生是否五育並重，目前不易評估，但是至少「智育」嚴重落後。在同一學校，考試平均成績就落後一般學生十幾分。家長開始擔心了。教育官員異想天開，說要另訂考試評量的辦法，讓參加試辦的學生可以得到較好的成績。但是，免試升學到高中之後，難道可以避開嚴酷的競爭嗎？難道現在智育較差，將來可以考上理想大學嗎？何必等到無法補救時，再來承認錯誤呢？

台北市教育局本來聲稱要全面實施自學方案，後來發現行不通。若是台灣的其他縣市無法同步實施，將來台北市的學生如何公平競爭？若是全台灣都實施，將來又如何從事國際上的競爭？即使不談競爭，也須考慮：青少年會更快樂嗎？

無論掌握哪一種知識，對智力都是有用的，它會把無用的東西拋開，而把好的東西保留住。

——義大利文藝復興時期畫家　達·芬奇

文盲只有一種

自古以來眞正的文盲只有一種，就是「不認識自己的人」。

多年以前就有人呼籲：不會使用電腦的人，將成爲新的文盲。舊文盲是指不曾受過教育，以致無法讀、寫、算的人。舊文盲在台灣日益減少，在大陸仍有二億多，因此「希望工程」的構想是劃時代的大事。透過教育，不僅表達我們對同胞的關愛，更顯示我們對人類未來美景所付出的心力。

然而，若以電腦爲新設的門檻，文盲的人數恐怕太多了。我也是其中之一，我知道電腦的各種優點，也知道自己只要願意去學，並不是太難的事。但是，問

題在於：學習電腦是爲了做什麼？

電腦是科技產品，其存在是爲了幫助人腦。如果有人覺得自己的腦子還算夠用，又很幸運地在工作上及生活上可以應付得來，同時認爲還有許多値得投注心力去研究的東西，那麼，他似乎找到了藉口，可以像駝鳥一般，暫時忘卻電腦的重要。其實，一生之中，該學未學的，該學好未學好的，何止電腦一項？

最近看到一篇報導，說教育單位正在積極編書，要努力掃除「功能性文盲」。所謂「功能性」，其實正是「現代」社會的特定處境所要求的能力。換言之，凡是無法回應現代社會挑戰的人，大概都是在某種「功能」上有所欠缺。如此一來，門檻更高了，能夠擺脫「文盲」之名的人，恐怕不多。

試依教育部門所列清單來說。現代人應該具備以下六方面的知能。一、職業生活：建立人際關係、專業技術、接受新知、身體醫療保健。二、藝術生活：了解歷史文化、欣賞藝術、藝術生活化。三、休閒生活：環境保護、一種以上嗜好、閱讀。四、投資理財：儲蓄、個人創業、保險。五、科技知識：電腦基本常識、電腦運用操作、操作一般電器產品。六、人生意義：適應婚姻生活、自我控制、安排個人生活。

如果做到上面所描繪的條件，應該是幾近完美的人了。由於條件太多太高，完美的人可遇而不可求，不然即使不斷努力，恐怕在年齡上也將垂垂老矣。華人向來喜歡訂下高標準，然後互相期許，共同努力。缺點是好高騖遠，不切實際，反而讓大家產生挫折感，甚至流爲自暴自棄。反正再怎麼努力，也未必合乎要求，那麼何不輕輕鬆鬆度日呢？

因此，我不贊成用「文盲」這個可怕的字眼來指稱未能符合上述條件的人。我對教育部門的立意十分贊成，也希望看到他們編成的冊子發揮妙用，提醒現代國民在各方面力求完美。

其實，除了舊文盲所謂的「不懂得如何讀、寫、算」的人以外，自古以來眞正的文盲只有一種，就是「不認識自己的人」。希臘的戴爾菲神殿上，所刻的警世名言就是「認識你自己」。爲了認識自己，人必須充分反省，覺悟自己的能力與限制，自己的所樂與所苦，自己與他人的關係，自己在社會上的走向，以及自己的人生目標。更進一步則是沉思：死亡眞是生命的結束嗎？人死如燈滅，或者人死

還可復生？

這些問題只有思索的方法與架構，而沒有所謂的標準答案，因爲人生的奧祕來自人的自由，由此顯示動態的與開展的歷程。同時，人的自由又與內心的感受互相呼應，在此一感受上又有「人同此心，心同此理」的情況。於是，人生問題歸結爲二：一是個人所遭逢的命運；二是個人對命運所採取的態度。前者不論得意失意，都有無可奈何之處；後者則是主觀的修養。一切追求，終究以個人內心的品味爲依歸。

明白此一道理，心中自有智慧之光；否則，縱有各種現代知能，也不能免於「文盲」的壓力。

未來社會中，文盲並非不識字的人，而是不能再學習的人。

——美國哲學家　杜佛勒

誰是文盲？

有一種文盲更值得我們警惕，卻往往被大眾所忽略的，那就是「意義文盲」。

「文盲」原指不識字的人。一個人沒有受過教育，自然不會讀、寫、算。對個人而言，無法開發生命潛能，固然是個悲劇；對群體而言，文盲人數過多，則文化水平必定低落。台灣由於教育普及，文盲大約有五十四萬；大陸相形之下，文盲多達二億，其比例在全世界各國排名中，居於倒數二十。

出於同胞之愛，我們肯定「希望工程」的構想，派遣合格的老師去大陸從事

基層教育，啓發民智，掃除文盲。兩岸交流能夠找到這條管道，可謂用心良苦，將來應該會有良好的成果。

不識字的人可以歸類爲「基本文盲」。除此之外，今日社會花樣繁多，要想過個自在的生活，顯然還有各種新奇的條件。譬如，不懂電腦，不會開車，不知理財，不明藝術，以及缺乏休閒觀念等，都會形成障礙，好像另一種瞎子，在競爭激烈的人海中，很難取得任何優勢。如果勉強歸類，這可以算是「功能文盲」。

「功能文盲」的對治之道，是自動自發學習新東西。目前社會各種補習班、訓練班、講習班、研討會，大致都是針對特定條件而設的，讓人參加之後可以增進知能，不再受困於環境的壓力。不過，在此難免覺得困擾，一方面，「生也有涯，知也無涯」，以有限的人生去追求無涯的知識，實在沒有勝算；另一方面，科技發展與社會變遷都過於迅速，每隔幾年又有新東西要學，好像永遠也追趕不上潮流。做一個現代人，眞是辛苦！

若想過得愉快，並非毫無辦法。任何「功能」都是針對「目的」而來的，目的則由欲望所生。如果我想要開車，就會覺得「不會開車」是一大缺陷，但是，如果我並不想要開車，那麼「不會開車」就無關痛癢了。以此類推，如果我減少欲望，少了許多大家所要的「目的」，自然就不需要各種新奇的「功能」了。既然可以不需要某些功能，我就不至於淪爲「功能文盲」了。

這種想法似乎有些「鴕鳥精神」，關起門來過自己的生活。問題是：如果投身於世界，光是爲了追趕或迎合風潮，而不能領導風潮，那麼世界原本不需要多一些像我們這樣的人，我們還不如退而求其次，看看能否在自己的生活圈子中，踏踏實實地做自己想做、能做、該做的事。

我們對「功能文盲」採取批評的態度，主要的原因是：還有一種文盲更值得我們警惕，卻往往被大衆所忽略的，那就是「意義文盲」。譬如，一個人既聰明又好學，現代社會的各項條件無一不備，但是如果他不明白這一切的「意義」，不知道人生有何終極的目的與方向，那麼問題恐怕更嚴重。根據統計，台灣罹患精神官能症，甚至精神分裂的病人越來越多，同時，自殺也成爲國人十大死因之一。這一切是怎麼回事？不是經濟不夠繁榮，或物資不夠富裕，也不是享受不夠刺激，或花樣不夠翻新，而是許多人無法解讀生命的意義。

我們的教育在掃除「基本文盲」方面的成績，是可圈可點，有目共睹的。社會大眾在察覺「功能文盲」方面的壓力，以及努力化除的作法，也是值得肯定的。但是，「意義文盲」方面的問題，應該如何對付呢？

從各級教育的內容看來，都有漠視宗教、輕視哲學的傾向，而宗教與哲學正是針對人生意義所作的回應。近年台灣掀起了談佛坐禪的風氣，充分顯示了大眾心靈的空虛，以致把宗教也當成了一種「功能」，一種可以拿來應用的利器。我們認爲，重視宗教，是一件好事，但是必須明白宗教不是工具或手段，而是昭示人生意義的寶藏所在。只有以敬畏之心、潔淨之手，去接觸宗教的啓示與經典，我們才能得益蒙福，同時在具體的現實生活中，一步步走出人生的意義。

生命是大自然的一股力量，而不是愁病交纏，狂熱地自私的小肉體，只會抱怨這世界沒有盡力使你快樂。

——英國戲劇家　蕭伯納

這是泛政治的時代

政治人物應該談政治問題，超出範圍就屬於個人意見，傳播媒體不能照單全收，百姓也無法全部消化。

資訊社會的特色是捕捉焦點，重複強調，無限擴大，使所有的人由於注意共同的事件而產生命運互相依存的感受。但是，傳播媒體限於人才與理想，往往遷就現實，接受既成的影響勢力，走不出陳腐窠臼，於是世人眼中所看到的、耳中所聽到的，大都是政治人物的言行與生活細節。

政治人物或許有崇高的抱負與淑世的熱情，但是政治舞台上的鬥爭十分殘酷，經年累月下來會使他們形成多重人格。我們如果別無選擇，認定知名之士就是年輕一代的學習楷模，認定舞台上的表演者就是俗世價值的塑造者，那麼人類未來的遠景恐怕不大樂觀。

譬如，我們聽到以下幾句話時，會有什麼感想？其一說：「我知道自己有希望當上委員，因爲我去算過命了。」其二說：「我知道我們三年之後可以重返聯合國，這是上帝對我的啓示。」其三說：「聰明正直就是神，你應該好自爲之。」我既無意圖也無興趣諷刺任何政治人物，我關心的是「泛政治」時代對大眾心靈所造成的壓力。政治人物應該談政治問題，超出範圍就屬於個人意見，傳播媒體不能照單全收，百姓也無法全部消化。

再以英國王室在過去幾年所發生及製造的新聞來說，我們若以凡人標準去要求他們，大體上不外乎家庭、婚姻、感情、性格之類的困擾。這些困擾在任何時代、任何社會都不曾絕跡。不過，它不至於影響一般人對自身行爲的信念。現在，經由傳播媒體的宣揚，政治人物的表現似乎成了示範，並且成爲根據或理由，讓一切類似的反常或異常行爲都找到了振振有詞的藉口。

傳播媒體所報導的，也許都是事實；但是，事實是否「應該」如此呢？事實能否引導或改變我們凡人對「應該」的看法呢？長此以往，不會讓人擔心嗎？我們要以什麼樣的價值觀去教育下一代呢？或者，下一代還需要教育嗎？

若要扭轉這種形勢，大概只有從解除「泛政治」的觀念著手。現代社會的多元化，應該朝著各行各業「自訂典範」的目標去努力，而不宜人人都注視政界動態，把政界的風風雨雨搬入個人的生活領域。

一般人見面聊天時，最常觸及的話題是什麼？是政治人物的浮沉。只見浮沉，不見功過；只知強權，不知公理。「你知道某某又說了什麼話嗎？」某某每天說的話何止數百句，豈能都有意義？民主時代是人民作主，這是數千年來我國先民所不敢奢望的福氣。但是，如何才算眞正作主？投票只是一種群體性的社會行為，眞要自己作主，還須自問日常生活到底在關心什麼？或者，朋友相見時，討論什麼「話題」？

一位在國中教書的老師說，他曾利用午休時間在校園一角傾聽學生聊天，聽了半個小時，不曾聽到一句有意義的話。話題不是念書考試，就是歌星明星，實在乏味。但是，成人是否比較好些？我曾在餐廳與學生聚會，旁邊一桌六位男士，個個西裝革履，年齡在三十以下，應該從學校畢業不久。這些男士說話不僅大聲，而且粗話極多，每一句話的前後都要加上三字經，好像不如此就無法順利發聲。聽其內容也甚爲空泛，片言段語不成系統。

相形之下，談論政治人物，還算關心時局。由此反映國民心靈確實貧乏，連稍具水平的「話題」都找不出來。因此，在新的一年釐訂計畫時，不妨考慮兩個作法：一是減少自己受政治人物的過度干擾及汙染；二是主動選擇幾個「話題」，譬如，要談環保，就花些工夫認識生態環境，要談子女教育，就閱讀青少年身心發展的書籍。朋友相聚是人生樂事，怎能把話題都交給政治人物製造的垃圾呢？

唯有自我約束，才能縮小選擇的範圍，才能分辨自己眞正想要的是什麼。處在今日泛政治的時代，唯有如此才能活得快樂些。

人的一生是短的，但如果卑劣地過這一生，就太長了。

——英國劇作家　莎士比亞

突破人文學界的困境

如果不能正確而有效地「詮釋」傳統，那麼現代將如無源之水，只能隨著西風或東風改變方向，終致枯竭。

台大校長孫震先生由於轉任國防部長，提前向台大全體師生辭行。他在校長交接典禮上，回顧八年多的台大校長任內，覺得自己沒有好好照顧文學院、法學院與理學院。如果這是過失，那麼他的功勞顯然是好好照顧了其他學院。其實，校長施政怎能不遷就校內較有勢力的團體，以致強者愈強而弱者愈弱？

過去幾年中，台大文學院除了哲學系較爲幸運，分到了農經系留下的系館，其他各系仍以老舊的文學院爲棲息之處，三、四位教師合用一間研究室的情形依然存在。何時可以改善？沒有人敢作預測。

政府重視科技實用之學而輕忽人文理論之學，早已是不爭的事實。這種情況由於國科會聘任了曾任台大文學院長的朱炎先生爲副主委而稍有轉機。但是，隨著內閣改組，朱先生辭去了副主委，然後國科會的三位副主委中，不再有人文學者了。即使就國科會所轄屬的人文社會處來說，也是偏社會而輕人文。歷任處長中，好像還沒有一位是人文學者。在此，我所謂的人文學者，主要是指文學院裡的教授而言。

外患固然深重，內憂也不能等閒視之。文學院與文化的關係是直接的，負責在經典上及思想上承先啓後。文化當然有中西之別，也有傳統與現代之分。這四個因素的排列組合，形成了四種領域：傳統中國，現代中國，傳統西方，現代西方。對於西方文化，無論是傳統還是現代，我們的要求標準只是「忠實介紹」，不敢奢望什麼創新的見解。我們華人學者如何在西方的文學、史學、哲學之專業研究上，取得公認的地位與成就呢？

對於中華文化，由於一脈相承源遠流長，以致傳統與現代不僅無法畫分清楚，並且傳統必須在現代復甦，展現生生不息的活力。換言之，如果不能正確而有效地「詮釋」傳統，那麼現代將如無源之水，只能隨著西風或東風改變方向，終致枯竭。

於是，所謂人文學者的內憂，其實就是沒有能力重新詮釋傳統的經典與思想。在此，「能力」包括見解與勇氣。試問：儒家是我們傳統中的主流，它的思想能讓我們現代人感到親切可行嗎？首先，它有什麼思想？如果只是一套教忠教孝、勸善規過的倫理學，可能無法打動人們的心靈。如果深入探問，難免觸及人「爲何」行善避惡之類的問題，然後面對「人性究竟是什麼」這個癥結。大家衆口一詞，不假思索地支持「人性本善」，但是並不能在經驗上、理論上說明其中道理，最後是連自己也不相信了。有多少老師在講授「人性本善」的學說時，不會覺得尷尬的？如果扣緊原典，孔子與孟子根本不曾說過「本善」一詞。即使引伸發揮，也無法證明「本善」的觀念。那麼，我們人文學者是否應該勇於突破宋明理學家的成見與教條呢？

孔子說：「溫故而知新，可以爲師矣。」這句話用在質疑人文學者的工作上，最爲恰當。請問，對傳統文化的教學、研究與傳播方面，我們四十多年來，有過什麼「新」的見解？前面所舉的「人性本善」，就是一個彰明昭著的例子。筆者近年努力以「向善」說明儒家對人性的看法，固然得到不少認同，但是同時也引來一些責難。我由此體會到個人的內憂外患，原來只是整個人文學界的困境的一種延伸，或一項例證而已。

任何問題都有解決的辦法，無法可想的事是沒有的。

——美國發明家　愛迪生

醫師要保重

醫師在病人心目中，永遠是值得信賴的朋友，怎能不活得有尊嚴呢？

台北市曾有一位衛生局長由於違法兼差，在外爲人治病，受到市議員強烈批評，情急之下，冒出一句話：「醫師像妓女一樣，必須隨傳隨到。」這種比喻不倫不類，連市議員都不以爲然。問題是：這句話出自醫師之口，而且是出自主管醫院的衛生局長之口，應該值得推敲。

簡單說來，當一個人缺乏自主意識、自律精神與自我肯定的信念時，就會由他所在意的人的立場來看待自己。譬如，小孩子受到父母或老師的責備，久而久之，就會認定自己眞是好吃懶做、愚笨不堪、生性頑劣、無可救藥。這在教育上是失敗的徵兆。可惜的是，大人也有脆弱的一面。譬如，面對有權有勢有錢有力的人，自己沒有抗衡或拒絕的能耐，久而久之，就會由他們的眼光來看待自己。於是，何止醫師「必須隨傳隨到」？如果以「必須隨傳隨到」來判斷是否像妓女一樣，那麼，多少人可以倖免？

這種心理並不正常，簡直有些病態。病根在於欲望太多，以致受制於人。一般人心目中的醫師絕對不是這種形象。護士稱爲白衣天使，醫師則是「父母心」，救苦救難的慈悲人士。我小時住在鄉下，全村最受尊敬的人就是醫師。有些農夫與漁民無錢付醫藥費，就帶著自己養的雞鴨鵝來抵充。醫師照樣爲他們治病，不以爲忤。生老病死既然是人的必經之路，醫師對所有的人而言，自然是值得感激的恩人。

不過，醫師是人，難免受到世俗影響，因此醫術與醫德之間往往有些距離。一般的印象是，醫生賺錢較多，屬於有錢人。有錢不是罪過，只是容易自私，遇到治安不良，乾脆全家移民。最近台灣地區表揚十位杏林典型，其中有七位是外籍人士，國人只有三位。這個比例令人汗顏，好像證實了醫師的自私心。但是，外籍人士何以願意以仁心仁術救助病苦中的我國同胞呢？主要是因爲宗教信仰。有了信仰，自然可以擺脫欲望的控制，表現菩薩心腸。

就我所知，醫院不僅工作辛苦，心理壓力也非我們所能想像。他們每天看到的都是與病魔奮鬥的人，在死亡邊緣掙扎的人，醫院中很少有快樂與希望的氣氛，即使嬰兒誕生也是母親受難的結果。日積月累之下，醫生如何保持心態平衡？若不趨於現實享樂，大概要走向宗教靈修了。第三條路應該是建立一套通情達理的人生觀。譬如，認清金錢的價值，亦即金錢並不保證快樂。因此，不要成爲金錢的奴隸。有錢人生病時，我照樣以平常心診治。在我這個醫師面前，病人就是需要我幫助的人，而不是反客爲主，隨著病人的財富、地位、權力、聲望，而決定我的態度。但是，如果我有各種欲望，就難免受到牽制，甚至委屈自己到隨傳隨到的地步。

醫師照樣可以作生涯規畫。我有一個親戚，兼通中、西醫，爲人治病的口碑甚佳。他每工作三年，就要休假一年。私人醫院請他當院長，他推辭多次。他說：「我當醫師，知道健康的重要。要我不眠不休的爲人看病，犧牲自己的家庭與娛樂，實在沒有道理。」減低欲望，就不必找藉口，別人也會尊重你。我相信，這樣的醫師還是佔多數的。

醫師一旦心態失衡，就容易悲觀厭世。最近一則消息指出：英國男性自殺率的排名，最高的是獸醫，其次是藥劑師、牙醫、農民。其中前三名都與醫藥有關。人口調查局分析理由，表示：「這些職業的人容易自殺，可能是因爲藥品或農藥容易到手。」這當然只是表面的看法，深入探討，原因應該是與醫藥這一行業有關。我想強調的是，醫師特別需要在觀念上具備一套人生哲學，亦即釐清自己對人生意義的看法，並且對於生死問題需要有較爲透徹的理解。其次，在實際生活中，醫師應該自行規畫健康的休閒與娛樂，同時必須定期休假，調養身心，保持均衡，以免彈性疲乏，誤人誤己。醫師在病人心目中，永遠是値得信賴的朋友，怎能不活得有尊嚴呢？人間患難正深，醫師要多保重。

思想就是你的主宰，可把天堂變成地獄，地獄變成天堂。

——英國詩人　約翰・米爾頓

Part 4

快樂的自我創造

人的潛力可以不斷開發，
經由挑戰而成長，
即使遭遇了一些困難，
也能找到安身的途徑。

讓心靈喘一口氣吧！

欲望並非不好，求知也是一種欲望。如何轉化及提升欲望，就是教育的重大任務了。

我曾面對一大班學生，問「有誰知道人生的目的何在？」結果一個勇敢的代表站起來，輕聲回答「賺錢」。安靜的教室裡，他的輕聲有如雷鳴。我被震得有些暈眩，好像忽然離開地窖，看到正午的陽光，由於眼睛未能適應，光明乃化爲黑暗。

原來我以爲大學生稍好，尚未進入混沌的社會，對於世俗的價值觀也有些免疫能力。事實上，現在資訊流通，表面上的多元化根本被「金錢至上」所同化了。

人們追逐財富，因爲財富不但是一切成就的具體表現，也是一切夢想與理想之實現基礎。

大學校園不能免於這種同化力量。幾年前，大學教授的薪水開始直接存入郵局，但是薪水單子仍舊寄發到各人的信箱。信箱隔著透明的玻璃，學生見了啞然失笑，原來教授的待遇不如某些熱門科系的研究生在外兼差所得。爲了維護形象，現在教授的薪水單子都加了一層不透明的護貝。我每次撕開這層護貝時，就會想到上述經過。

金錢眞的無所不能嗎？

有一部電影，叫做「桃色交易」，可以做爲例證。一個富商看中一個剛剛結婚的女子，願意付她百萬美金共度一宵。年輕夫妻正缺錢用，幾經掙扎終於同意。富商進而動之以情，眼看可以達成目的。但是，他終於發現女子所愛的仍是她的丈夫，就讓她得遂心願，以喜劇落幕。片中富商說，「金錢可以買到一切。」女子說：「有些東西是不賣的。」

教授的知識與女子的愛情，都是金錢買不到的，類似的珍品還有不少。但是，在經濟學家看來，任何東西都可以「折現」，就是折算成現金。譬如，教授上課傳授知識，可以換算爲鐘點費。演講與寫作都有一定的價格，所付出的是知識與時間。然後，每一個人都有食衣住行上的開銷，收入與支出保持平衡，不是安頓人生的第一步嗎？

困難在於人的欲望。欲望大都出自比較。朋友見面所談的不外乎某某人發財得意，相形之下，自己必須找些理由才能安於現狀。電視與報紙的廣告使人心動，確實印證了「眼不見爲淨」一語，「淨」不妨改爲「靜」，更能描寫實際的情形。

欲望並非不好，求知也是一種欲望。因此，如何轉化及提升欲望，就是教育的重大任務了。方法之一是剖析它的本質。欲望是生命的衝力，若是任其發展，總是傾向於物化與外化，要以具體的對象爲追求目標。這種模式的後果是「逐物而不反」，喜新厭舊，見異思遷，好像陷入「輪轉而無窮」的困境，無法超拔。但是，人由欲望所得的滿足會有「遞減」的效果，於是不斷需要更大的量與更強的質來取代，終於抵達麻木的程度。

有錢人可以心想事成，但是他們未必快樂。原因即在於過度的刺激所造成的麻木狀態。解脫之道只有轉移方向。譬如，淡化物質享受，學習欣賞藝術。不幸的是，財富使人腐化，以致有錢人眼中的藝術品成了投資對象，成了另一種商品。庸俗至此，藥石罔效。

讓心靈喘一口氣吧！能否讓欲望暫時平息？我體認自己念書的兩種心得。

一、爲了準備教書或演講，這時欲望與壓力同時出現，求知成爲工作，時間成爲競爭對手。

二、純粹爲了休閒與好奇，希望書本帶給我驚異之旅。面對無涯學海，有如「弱水三千，只取一瓢」，飲之解渴，何必妄圖佔有？

第二種心得無疑使人更爲快樂。這樣做，需要多少財富呢？這個問題顯得有些可笑了。它需要的是時間與決意。時間是自己可以掌握的，決意更在一念之間。

　　話雖如此，我們還是猶豫不決，因爲在時間的支配上，往往身不由己，同時在決意時，不免迷惑：如此眞能快樂嗎？歲月如流，財富可得可失，人生不能重來，我們必須早下決定。

生活的理想，就是為了理想的生活。

——中國理論家　張聞天

人生幸福的範圍何其寬廣

世人無不求福避禍，卻不知福禍相生相倚，若要常保安樂，只有「破除執著」一途了。

週末在青年服務社談「逍遙自在的人生觀」，由於地點適中，題材有趣，聽眾十分踴躍。我特別引申了莊子的思想，其中有關「坐忘」的一段，足以代表我近期的心得。先說一般的「忘」。如果我忘了腳，表示鞋子舒適；忘了腰，表示皮帶正好；忘了是非，表示相處和樂。人生所求，豈非忘我？

再說忘我的具體步驟。從親子關係著手，因爲這是人間一切期許的出發點。

莊子認爲，以「敬」孝親比較容易，只須做到晨昏定省，符合禮儀的要求即可。以「愛」孝親比較困難，必須出乎內心眞誠的感受。進一步，「忘親」顯然是更高境界，不因父母在身邊而虛僞做作，卻好像小孩在父母身邊之自然無礙。然後，最難的是「使親忘我」，努力使父母忘了我的存在，因爲他們的期許與希望都得到滿足，不然就是一一化解於無形，好像魚兒在江湖中悠游，互相忘記了對方的存在。

接著，莊子繼續發揮，認爲應該提升到「忘天下」的地步，忘了天下的人物與成就，也就是保持自我的獨立狀態，不受影響及左右。這樣還不夠，全部討論的最後結語是「使天下忘我」。任何人稍有專長或貢獻，就會受到社會的注意，像諸葛亮想要清靜度日也無法如願。但是，如何盡情實現自我，同時又不爲天下人所知呢？這需要何等的智慧啊？需要智慧，固然不錯；但是意念與決心恐怕才是關鍵。以目前的自由度來說，我若不想做一件事，天下人其奈我何？

這是莊子思想的啓發，但是凡人何必想得太多，他們往往前面幾步就做不到了。親子關係最怕期許過當，以致造成執著的痛苦。演講會後，一位焦慮的母親等著與我談話。她說她的兒子去年聯考失利，今年捲土重來，問題是他心中打定主意要念醫學。除了醫學，他看不起任何科系，但是自己的程度又差了一截。母親眼看著他折磨自己，心中之苦實在深切。

我提出一連串建議，包括：除了台大醫學院，其他醫學院亦可考慮；除了醫學院，其他科系亦可考慮；父母如何善加開導；請出他所敬重的老師或長輩加以開導；請他最好的朋友相互鼓勵；眞的考不上時，先服兵役再說，也許將來會有轉機等等。然而，知子莫若母。這位母親一一答辯，指出我的建議未必有效。我實在希望自己有什麼祕方，可以爲人打通心靈上的任督二脈。最後，我只好讓步，告訴這位母親，先不要希望改善，只求維持現狀，看看時間能否扮演醫生角色，化解他的憂慮。

孩子的執著使父母痛苦，反之亦然。我曾在高雄的一次演講會後，聽到一位女士的問題，而感受同樣的無奈。她說：自從十年前沒有考上大學，父親就不再與她說話了。父親認爲她使他在親友面前抬不起頭，以致十年含恨不肯理她。我簡直不敢相信這個事實，我能說什麼？最多鼓勵這位女士設法活得踏實而快樂，向父親證明自己雖然沒念大學，卻仍然可以做個有用的人。並且，不論父親的態度如何，她都要善盡本分，表現孝心。

我向來服膺儒家的理想，積極入世，與人爲善；但是，最近幾年的觀察卻使我不得不轉而欣賞道家的風格與立場。道家強調培養智慧，從宏觀角度看待個人在時空之內的得失成敗與吉凶禍福。譬如，今日之福可能是明日之禍的根源，反之亦然。老子說：「金玉滿堂，莫之能守。」世人無不求福避禍，卻不知福禍相生相倚，循環不已。若要常保安樂，大概只有「破除執著」一途了。

破除執著，談何容易！想想自己以前面對聯考時，也是心驚膽戰的。不過，憂患意識不應演變爲親子之間的互相責成。人生幸福的範圍何其寬廣，內涵何其豐富，相形之下，對聯考的執著實在是反應過度的表現。

生活的全部意義在於無窮地探索尚未知的東西，在於不斷地增加更多的知識。

——法國小說家　左拉

心靈亦有美麗的境界

山水之美在於造化之奇，只要不遭人為汙染，總有殊勝之處。

接到蘭陽女中唐校長的來信，厚厚的一疊，心想大概是同學們託校長轉來的問題吧。一個多月以前，我在蘭陽女中作了一場演講，暢談「成功人生」的各種觀念。女中的演講會場具有文化中心演講廳的水準，不像一般中學在體育館中間排列椅子，而是全場階梯式的實體建築，同學千餘人坐定之後，看起來整齊嚴肅。

我一進場，同學們以劃一的掌聲與口令，表達了歡迎之忱。我知道這是訓練有素的結果，用來歡迎每一位演講者，但是當下仍有耳目一新的清爽感覺，賓主之間的距離立即化解於無形。會後保留時間給同學發問，我加上一句：「這是我藉以評定各校同學水平的參考。」不料激將法的效果太好，以致遞上講台的字條多達五、六十張。最初幾題尚能從容作答，最後幾題則形同機智搶答，每題只用了三十秒左右，因爲若不如此，就趕不上預訂回台北的火車班次。因此，我猜想唐校長的來信大概會附寄許多學生的新問題。

眞相並非如此。那是一疊九張風景明信片，取材於大陸四川省國家自然保護區「九寨溝」。我從附寄剪報得知，宜蘭地區幾位老師利用前往大陸探親的機會，拍得一些風光勝景，經加洗後供不應求，乃選出九張印製爲明信片，公開發售，所得利潤則捐給致力於青少年中途之家工作的慈懷基金會，以及蘭陽女中學生的助學經費。

類似的義舉在台灣社會並不少見，但是我仍對於一個中學的這種作法覺得敬佩。在我仔細瀏覽這幾處風景時，不覺欣賞讚嘆，實在太美了。善行加上美感，使我在春日午後的寒流中，一點兒也不覺得涼意。我的文筆不足以彩繪任何美景，不過每張明信片後面都有國文老師寫上簡短詩詞，相得益彰。請看其中幾段：

「藏女憑欄／守候一生一世的山水情緣」

「秋山妝罷／調一幅寫意水墨／蘸滿裙腳」

「舍下林泉縈繞／簾外嵐煙輕籠／山中無甲子／藏族皆隱士」

「樹群正在海中／清冽的澗水漱過盤根錯節／素湍冷冷／青條婷婷」

「粉霜薄施／寒林掩映／幾點繽紛／嵌入一泓深潭／靜謐得叫西風不忍吹皺」

「楓落江冷／波平如鑑／攬照千年／唯我兀自凝眸」

「峰迴／地坼／千百銀蛇／竄出如練」

「轟然從晨霧裡傾洩而出的，竟是萬斛晶瑩剔透的珍珠／一路奔騰／一路呼嘯／而去」

只看這些詞句，會覺得美固美矣，卻無從落實。若是配合照片，則詞藻的華麗堆砌不僅毫無誇張之處，有些還有「意在言外」之嘆，因爲語言文字畢竟仍是工具而已。

當然，山水之美在於造化之奇，只要不遭人爲汙染，總有殊勝之處。東坡有言：「凡物皆有可觀，苟有可觀皆有可樂，非必怪奇偉麗者也。」可惜一般人法眼已失，只由俗眼去看，難免妄分美醜。必待得緣像拍攝這些照片的老師一樣，重新恢復審美能力，才可再度領悟大自然之美。

美的品味與心中預期常有矛盾之處，越是有名的風景越容易使人悵然，好像「見面不如聞名」似的。我向來不喜歡旅遊觀光，卻常爲偶然發現的小小美景而欣悅。由一封來信看到神州一角的風景，張張取材如此勻稱，行家手法又不著雕琢之跡。想到神州大地不知還有多少美景可以讓人流連忘返，不禁悠然忘我。

我們以「神州」代表美麗的中華國土，激起思慕的情誼，有如遊子對故國的鄉愁。在此切莫忘了，心靈亦有美麗的境界，卻常在世俗營謀中被遺棄了。蘭陽女中印製的這套「九寨溝」風景明信片，提醒我們神州大地之美，以及人所共有的心靈之美。

沒有比人生更艱難的藝術了，因為其他的藝術或學問到處都有教師。

——古羅馬哲學家　塞涅卡

尋回愛的力量

只要一個人還有力量去愛，他的生命就充滿生機，可以化腐朽為神奇。

「愛我少一點，可是愛我久一點。」人間之愛，最難持久，初識的喜悅，試探的興奮，及至心電感應，形同莫逆，有如一首奏完的交響樂，然後是曲終人散，還是品味一生？愛是需要「品質」的，品質要靠心念與行動來保證。誰能無時無刻愛著另一人？他的自我若不消融在另一人的生命中，就會消失在此起彼落的俗務中。

心理學家指出，男女兩性在「愛」方面的差異十分有趣。當然，所謂兩性並非只就生理性別而言，它主要是指心理傾向，於是男人可以具備女性氣質，反之亦然。兩性差異是說，女性執著於無己，要就全部否則不要，一愛起來幾近忘我，像事業、名利之類的現實問題可以拋諸腦後。但是，男性則執著於有己，什麼都不肯放棄，愛是一回事，事業與名利則是另一回事。娜娜（Nana）在「唯有愛」的歌詞中說：「你是我的全部，而我只是你的部分。」一語道破女性在愛中的心聲。

我願再次強調，所謂兩性心理傾向是對男女同時有效的。甚至在同一個人身上，不同的年齡也會表現出兩性的不同傾向，於是，問題比較清楚了。首先，誰都希望自己被人所愛，但是同時又擔心被愛所束縛。愛會束縛人嗎？「你是我甜蜜的負擔。」愛與「礙」音同，義呢？大概也有些關係吧？人生在世，不爲此困，便爲彼累，負擔久了，又害怕自己喪失其他的可能性，非要等到年華漸逝，這才打定主意，願意好好愛一人，或者被一人所愛。

因此，若能愛得久一點，何必在乎愛得少一點呢？就怕愛起來像狂風暴雨，結果難逃老子的質疑：「飄風不終朝，驟雨不終日。」風停雨息之後，回復日常生活，竟似船過無痕，水面平靜，春夢一場。

有關愛的格言實在太多了，在分類上就足以使人眼花撩亂。一般都以狹義的愛是指男女戀愛，推而廣之，由近及遠，親情、友情、共事業、共信仰都可以產生愛的花果，最高境界則是宗教家所謂的博愛了。這些都可以稱爲愛，但是性質千差萬別。有的是自愛的延伸或提升，有的是愛人如己，有的是無私忘我，也有的是對等的要求，不得回應就轉愛成恨。

無論如何，只要一個人還有力量去愛，他的生命就充滿生機，可以化腐朽爲神奇。所化的，是被愛者，也是自己。泰戈爾（Tagore）在一首詩中，描寫找尋上帝，說上帝不在天上也不在地下，卻在一個孩子找到媽媽時含著淚水的歡笑聲中。原來上帝是愛。與其宣稱上帝是愛，不如強調有愛的地方就有上帝。康德（Kant）生活起居極有規律，每天下午三點半準時出門散步。有一天，他忘記出門散步，引起大家關心。探詢原因，竟是由於收到盧梭的《愛彌兒》，看書忘了時間。請別誤會康德崇拜盧梭，事情眞相是：康德想了解一個像盧梭這樣的無神論者，怎麼可能談論「愛」？

我們的焦點不在有神無神，而在愛的力量由何而來，如何持久，又是否提升到自我超越的境界？這三個問題不是泛泛的人本思想可以回答的。如果光靠人自己，那麼愛與欲望混淆不清，愛與回應構成條件；同時，愛的持久性也是與喜新厭舊的劣根性不相容的；至於自我超越及昇華，則更是緣木求魚。

西方中世紀哲學家奧古斯丁（Augustine）倒是說過一句格言：「有多少力量，就有多少愛。」由字面來看，他鼓勵我們盡力去愛人，只有在愛人的行動中，才能顯示一個人的力量。力量包括有形的資產與才幹，以及無形的意願與潛能。以得到與付出爲例，得到即在付出之中。並且唯有能夠付出的人，才能肯定自己內在所得到的豐盈。如果不嫌麻煩，我想改寫奧古斯丁的名言爲：「有多少愛，就有多少力量。」因此，當愛無法持久時，並非因爲無力，而是無心與無情佔了優勢。

愛是一種無盡的寬恕，愛是一束常在心間的溫柔目光。

——英國戲劇家　烏斯蒂諾夫

有夢眞好

在有限的生命中如何保持熱情？首先當然要有信仰，要有盼望，然後孕生愛心，推己及人。

在尋找生命重心的過程中，我詳細分辨了人在一生中所能掌握的十六種價值，最後歸結於「信仰」最重要。如果沒有信仰，其他一切難免失去色彩與光澤，頂多成爲量的累積，可多可少，可得可失。

這十六種價值分爲四組。第一組是與生俱有的，如「年齡、外貌、健康、聰明」；第二組是隨著成長而培育的，如「家庭、學校、專長、職業」；第三組是進入社會之後，奮鬥的成果，如「財富、名聲、地位、權力」；第四組則是較爲長期的需要，如「朋友、志趣、社團、信仰」。

現在要問的是：哪一種價值比較重要？人生祕訣不外乎選擇與堅持，然後自得其樂。天下之大，無奇不有。「道並行而不相悖」，因此我們很難以命令的口吻，告訴別人應該如何選擇。即使如此，「信仰」依然扮演極爲特別的角色。何以如此？因爲任何選擇與堅持的背後，都隱藏了某種信仰。

在此，「信仰」是廣義的用法，包括信心與信念。如果大略區分，信仰包括三類：宗教信仰、政治信仰、人生信仰。三者有如湖中漣漪，或者形如同心之圓：核心是宗教，再擴及政治，外圍才是人生。道理並不複雜：宗教出自終極關懷，涉及安身立命；政治針對人間理想，求其世界大同；人生則依個人性向與處境，盡其在我而已。換言之，若有明確的宗教信仰，則政治與人生諸般問題都無法構成阻礙，無法使人迷惑徬徨，甚至壓得人喘不過氣來。

但是，信仰不是知識或技術，不能以一般的方法去傳授。並且，若由現實世界的角度去看，則信仰無異於一種「夢」，只是此夢並非幻想，而是牽引我們完成人生目的的指南針。自古以來，各大宗教都有無數見證，肯定人的生命可以有不同的境界。於是，信仰猶如點石成金的神杖，展現光彩奪目的力量。

今日社會特別需要信仰的見證，但是任何見證都具有高度的個人性，那麼如何使它產生普遍的感動呢？一般人著眼於世俗功利，只問自己能得到什麼，卻不知信仰正是走出自己以求完成自己。見證的方式則以行動與語文為主。以行動為例，愛人如己，甚至愛別人超過愛自己，無疑是唯一的試金石。由於人的心力十分有限，小愛必須依恃大愛，也就是說，愛必須植基於信。若是不信「神愛世人」，則人間之愛如何超越其局限？若是信了，則一個人的愛可以由近及遠，由小及大，量力而為，其力又源源不絕。

我向來羨慕信仰堅定的人，更敬佩能為信仰作見證的人。以行動見證之外，尚可憑藉語言與文字。文字集結成書，讓人反覆玩味，進而與作者分享心得。我最近看到林治平先生的大作《我們需要一個夢》，覺得那正是文字見證的佳構。一個活生生的信徒，不僅以信仰為其生命重心，並且以自己的生命為核心，在周圍人群中激盪形成一個日益擴大的圓。

林先生多年來主辦《宇宙光雜誌》，以基督教的信仰爲立場，對社會發出普遍的關懷，影響範圍擴及社會人士與青年學生，受到高度的肯定。他本人則每期撰寫一文，以感性文筆與理性思路，提醒世人信仰的重要。這些可讀性極高的文章現在集爲一書，分爲「心動篇、生命篇、思想篇、有情篇」。他再三引用烏爾曼（S. Ulmann）的名言：「歲月可能會使你的皮膚起皺，但是放棄熱情一定會使你的靈魂起皺。」

在有限的生命中如何保持熱情？首先當然要有信仰，要有盼望，然後孕生愛心，推己及人。林治平先生的信仰表現於他對家人、對青年、對世界的關懷上。我在行文中，感受到儒家的入世熱忱與基督徒的超越精神。唯其眞正入世，所以需要超越，我在閱讀時常有共鳴，的確是「於我心有戚戚焉」，因此特別介紹本書：《我們需要一個夢》。

理想是指路明燈。沒有理想，就沒有堅定的方向，而沒有方向，就沒有生活。

——俄國作家　托爾斯泰

專業保母的大愛

「愛心、耐心、良心」是所有成人對於青少年以及幼童，應該保持的心意。

一個社會的文明水平，表現在嬰兒的存活率上。《周禮》記載：「自生齒以上，皆錄於版。」具體反映了古代的生活實況，就是：嬰兒出生之後，要到長出牙齒，才可以登記戶口。原因在於：長了牙齒，才可以保證存活下去。

以今日醫藥之進步，嬰兒存活率大爲提高，但是，出生之後還需養育照顧，由此面臨新的挑戰。在夫妻雙職的家庭中，誰來承擔此一責任？托嬰成爲嚴重的問題。美國的一項研究報告指出：嬰兒受到固定的成人照顧，其智商將比受到不固定的成人照顧，要快速發展一倍左右。

智商之外，還有幼兒的心理調適過程，也會出現明顯的差異。演變下來，問題青少年大都來自問題家庭。即使有些青少年出自名人家庭，也會因爲父母忙於事業及應酬而未能得到家的溫暖，最後誤入歧途。類似的例子不勝枚舉，提醒我們不可忽略人生的最初幾年。

孔子曾說過一句合乎經驗觀察又充滿感性意味的話：「子生三年，然後免於父母之懷。」一個小孩到三歲，才能離開父母的懷抱，逐漸步上獨立生存的道路。這種長期的「幼兒依賴關係」，使人的心理機能對於父母產生深刻的情感，宛如「良知良能」，自動自發地希望父母快樂，這也正是孝順的出發點。親子和諧，無疑是人生幸福的首要保障。

回到今日社會，即使大家都知道照顧子女的重要性，但是考慮到經濟壓力、個人興趣、自我實現等問題時，照樣陷於兩難之中。孩子總會長大，工作機會卻未必等待。有些職業婦女寧可把賺的錢全部用來請保母，也不願意自己一天二十四小時守著嬰兒。於是，如何找到可靠的保母，就成爲關心的焦點了。

我之所以談起這個題材，是因爲台北家扶中心在第十二期保母訓練班結業時請我演講，使我有機會接觸相關資料，由此有感而發。還記得許多年前，自己爲孩子尋找保母的點點滴滴，眞是辛酸痛苦遠遠多於安慰放心。現在，政府出面主辦保母訓練班，有志者經過八週專業課程的教育，結業之後可以正式以「保母」爲業，幫助許多夫妻化解人生的重大挑戰。這個構想及其實施，不僅値得肯定，而且應該全面推廣。

何以應該全面推廣？因爲都市地區有此需要，鄉村地區更是如此。就在演講當天下午，我讀到一篇報導，說花蓮縣秀林鄉由於青年人口外移情形嚴重，已經成爲超高齡社會。根據聯合國所定計算指標，六十五歲以上人口達居民百分之七時，就是高齡社會，而秀林鄉的比例是百分之十四，所以稱之爲超高齡社會。更大的難題是：當地的嬰兒死亡率也極高。台灣地區的平均嬰兒死亡率是千分之五點七，秀林鄉在八十年高達百分之二十二，八十一年則是百分之十六。讓高齡老人照顧初生嬰兒，對雙方都是冒險。偏遠的鄉村地區豈不是更需要專業保母嗎？

現在，保母的訓練與資格，必須朝制度化發展。以台北家扶中心第十二期的保母爲例，素資相當整齊，百分之八十是高中、高職畢業生，大專畢業生亦多達二十位。當然，學歷並非保母的必要條件，但是由此可見保母一職逐漸受到社會的重視，可以經由「職業證照制度」使社會大衆多了一個選擇工作的考慮。

結業的保母在宣誓時，表示願以「愛心、耐心、良心」善待家長所託付的嬰兒，並運用所學妥善照顧他們，以嘉惠民族幼苗。我認爲，「愛心、耐心、良心」是所有成人對於青少年以及幼童，應該保持的心意。我是教書的人，對此感受甚深。德瑞莎修女說：「愛自己的孩子是人，愛別人的孩子是神。」我們也許無法企及神的境界，但是至少可以把別人的孩子看成自己的孩子，然後以愛心待之。願與所有保母與老師共勉。

愛的目的是去愛，既不要太多，也不要太少。

——英國劇作家　王爾德

軍中生活是最好的學習機會

服兵役的目的不只是盡了義務，同時也是個人身心由成長趨於成熟的關鍵所在。

報載某醫學院醫學系學生，爲了逃避兵役而服用類固醇致死。他的目的原是想利用專業醫藥知識，使身體增胖或減肥到某一程度，可以在體格檢查時達到免服兵役的標準，節省兩年的軍中生活的時間。我們將由此一不幸事件，探討國民對義務的觀念，並提出一些改善的建議。

目前大家都知道：國民應盡的義務是納稅與服兵役，以及接受義務教育。其中，服兵役只限於男性，並且要求一定標準的身心健康。這幾年兵源較多，身心健康所設的標準隨之提高，因此免服兵役的人也增加了。在青年時期，兩年的差別甚爲明顯，譬如，大學畢業的女生直接出國進修，兩年可得一碩士，甚至四年即可獲得博士學位。免服兵役的男生也有類似的機會。相形之下，服兵役的人除了耽誤兩年之外，還須在軍中以軍人身分負擔重大責任，有時簡直是體驗不同世界的生活，在身心方面承受相當大的考驗與挑戰。於是，一苦一樂的兩個極端之間，年輕人難免心存僥倖，甚至要想盡辦法逃避兵役了。

面對這種狀況，在當前法令仍以服兵役爲國民義務時，我們只有力求在實施上公平合理，才能免除或降低上述的偏差心態。如何做到公平？的確，有些身心健康不佳者無法勝任軍中某些任務，但是軍中有不少屬於後勤及業務上的工作，未必要求同樣的身心標準。這些體檢不合格者可以出國深造或謀職就業，那麼何以不能擔任軍中較爲輕鬆的任務？因此，我們建議兵役制度必須重新規畫，以求絕大多數甚至全體男生都共同承擔此一義務。

其次，即使軍中因爲兵源過多而不必浪費人力時，也應該考慮以「社會役」

爲替代役，就是以社會服務的方式代替兵役。德國的制度可以做爲參考。轉換爲我們的情形，可以如此規定：凡是體檢不合標準的男生，應該改服社會役，譬如從事公共建設或公共服務有關的工作，其待遇與役期則與兵役相同。德國街上，常見三、五個青年照顧一群殘障者，帶他們到指定的地點休憩娛樂。也可以見到在街上清掃、指揮交通、類似義工的年輕人，他們都是在服社會役的青年。

以此爲基礎，肯定所有男生都必須以兩年時間爲國家及社會奉獻心力，然後再詳細規畫較高層次的分工合作。譬如，目前有些理工科的研究生畢業後，申請國防役，役期五年，待遇比一般軍人高，接近社會人士的標準。國防建設不只是科技，還可以擴及其他專業領域，讓青年覺得自己在軍中兩年也能學以致用。但是，即使如此，大多數人還是要到部隊基層服役。這時只有力求待遇之公平合理。同樣是軍官，預官的待遇較差，並且常被視爲「過客」，以致無法發揮才學，對於部隊是一大損失，對預官本人也是一大挫折。因此，如何由制度上改革兵役，使老百姓到了軍中，也有賓至如歸之感，這無疑是重要的課題。

事實上，軍中生活並非一般人想像的那麼辛苦，好像只是白白浪費兩年並且

承受各種壓力而已。許多青年長期受到家庭的保護及學校的培育，心中想的只是念書、考試、升學，以及狹隘的個人出路，根本未能正視今日社會所需要的「合群」特質。民主時代，人人各有想法及做法，但是如何協調、互相尊重、存異求同、分工合作，也是需要學習及訓練的。軍中生活是最好的機會。穿上軍服的那一剎那，暫時拋開世間背景，大家依其職務與階級，各展所長又能互相支援，共同完成保國衛民的使命。我們認爲，服兵役的目的不祇是盡了義務，同時也是個人身心由成長趨於成熟的關鍵所在，值得年輕人加倍珍惜。

總之，服兵役既然仍是義務，在執行上就須力求公平合理，減少僥倖的機會。同時，在觀念上要肯定這是個人的責任及榮譽。我們一生受國家保護，那麼以兩年時間盡自己的一分力量，不也是應該的嗎？

> 為了國家的利益，使自己的一生變為有用的一生，縱然只能效綿薄之力，我也會熱血沸騰。
>
> ——俄國作家　果戈理

提升心靈品味方案

一年的開始，當然充滿了新的希望，但是，希望不會憑空而降，卻仍然要靠自己去勾勒雛形。

當我們互相祝福「新年快樂」的時候，完全出自誠心與善意。但是，一年一年過去，我們離快樂越來越近嗎？如果弄不清楚「快樂」的眞義，誰又比誰快樂呢？或許，快樂不是具體的目的，而是生命過程中一剎那的品味，那麼如何確保這些「剎那」可以不斷出現，也是一個有趣的問題。新年假期中，想一想這個問題，也許會有特別的心得。

扣緊眼前的社會來看，正當物質上的需求獲得滿足的時候，大家卻覺得心靈日益空虛。中央研究院作過社會變遷的調查，發現百分之八十以上的家庭認爲自己屬於中產階級。這是全世界最高的比例。當然，問題出在「中產階級」的標準是什麼？在國人眼中，只要擁有一棟房子，又有正當職業，就算是中產了。巧合的是，國人擁有自用住宅的比例也是百分之八十左右。

中產階級的問題在哪裡？第一，以爲人生該奮鬥的目標已經達成，從此可以享受了。第二，繼續努力賺錢，因爲向來除了賺錢之外，沒有想過其他的目標。第三，介入其他競爭領域，以博取權力、名聲、地位。這三種現象都可以衍生爲相關的人生態度，但是它們的共同特色是：忽略了心靈也須由下層提升爲上層。

欲望越多的人越不易快樂，這是老生常談。我們可以引申說：欲望越落實的人，越不易快樂。所謂「落實」，是指有形可見，因而可以互相比較，並且往往有物化及量化的傾向。以飲食爲例，二百元一客的吃飽爲止，使人吸收許多廉價的東西。二千元一客的套餐就精緻多了，但是上面還有更貴的，吃什麼已不太重要，這時氣氛及心理上的滿足成爲動機了。事後還可以用來炫耀。名牌服飾及汽車也都是以「物超所値」爲號召，這裡的「所值」其實已經跨入心靈感受的範圍了。

人的心靈自成一個世界，不過它可以被物質同化，亦即感受到一切落實的東西是最有價值的。落實的即是有限的，有限的難免在彈性疲乏的定律下，使人覺得乏味，於是必須不斷以更大的量與更強的刺激來喚醒自己佔有的樂趣。美國一項社會調查指出：家境富裕的子女，到了中年時，特別容易覺得人生乏味。他們的心靈早就成爲外界的翻版，並無屬於自己可以珍惜的價值。

那麼，心靈如何可能提升？一般的建議是參加文藝活動。但是，文藝活動不僅範圍太廣，而且未必都能產生良好效果。一般的調查是以看電視的時間，看幾份報紙，看幾本書爲問卷，卻無法進而評估電視節目、報紙內容、書本主題這些屬於「品質」的東西。如果貿然請教學者專家，答案必定使人眼花撩亂。戲法人人會變，各有巧妙不同。然而，如此就沒有公認比較可行的提升心靈之道嗎？

如果最後必須作選擇的是個人自己，那麼我願提供兩點心得。一，自我約束，設法從外在的、落實的欲望中，回歸內心。孟子說：「養心莫善於寡欲。」

因爲人的力量有限，得於此者必失於彼，既然不能兼顧，就須有所取捨。既然一再體認欲望造成的困境，何不減少欲望，偶爾傾聽內心的聲音。二，認識自己，辨明自己眞正想要的是什麼。人生難題往往不在於「不知如何選擇」，而在於「不知選擇的是不是自己眞正想要的」。選擇之前的猶豫與選擇之後的懊悔，兩者相加，不知浪費了我們多少寶貴的時光？

我們若承認快樂不是物化的「量」所決定，就須立即轉向「品質」求援。品質由心靈的品味能力所評估，因此若要互相祝福「新年快樂」，上上之策即是共同籌畫一個提升心靈品味能力的方案。新年是一年的開始，當然充滿了新的希望，但是，希望不會憑空而降，卻仍然要靠自己去勾勒雛形。卡繆說：「人一旦發現生命的荒謬，就不免想寫一本幸福手冊。」人間沒有幸福手冊，只有能夠面對及超越荒謬的個人心靈。心靈之爲用大矣哉，請善待之。

> 噴泉的高度不會超過它的源頭；一個人的事業也是這樣，他的成就絕不會超過自己的信念。
>
> ——美國政治家　林肯

人人都是皇帝

教育的目的在於開發理性，使人明白道理，可以分辨是非，並且以負責的態度生活。

國父孫中山先生的革命事業，肇因於一個偉大的理想，要讓中國從帝制走向民主，人人可以做皇帝。如果人人都是皇帝，就等於沒有皇帝。然而，人類社會的階層性，無論在權力、地位、財富、名聲方面，都是必然不可或缺的，於是，大家各佔山頭、各據地盤，各作各的皇帝夢。說穿了，這些全是欲望在作祟。

能力較差的人，雖有欲望但無法實現，只好作作白日夢，間或吸毒酗酒，製造幻覺，求得一時滿足，卻犧牲了健康的身體與正常的生活。一個少尉經常買醉，長官勸誡他：只要戒酒，就升爲上尉。他的回答是：寧可醉倒，可以直升上將。有些人喝醉時，相信自己是上帝呢！

世間有一些頭腦清醒而認定自己是上帝、皇帝或教主的人。這眞是令人驚訝的事。更令人不解的，是居然有人信以爲眞。像美國多年前發生的「大衛教派慘劇」，教主一人荒淫無度，與衆多女性生了十七個孩子，卻規定信徒必須戒除性事。光靠一己之力恐怕無法達成這種目標。於是這位教主利用了基督教的《聖經》，宣稱自己就是耶穌，信徒遂無翻身及招架之餘地，只好任其擺佈。

越是荒謬之事，越有人相信。這是典型的亂世徵兆。在我們慨嘆美國這種先進國家對於神棍惑衆束手無策時，不妨反省自己的處境又如何。曾經在媒體上受到批評的台中「彭大善人」一案，就是現成的例子。他的方法是：一、利用捐款取得表揚資格，與歷任省主席合影，這些照片放大裝裱，使大家以爲他受到高官們的肯定，應該是値得信賴的善人。二、利用氣功爲人治病，看準台灣人愛看病愛吃藥的毛病，也明白病人心理最爲脆弱，所謂「病急亂投醫」是也。萬一治不好，就進到下一步。三、為人消災解厄，用一些符籙圖讖，編造神奇鬼怪的故事，讓患者惶惶不可終日，最後被迫奉上家財。

根據警方的搜證，已知彭某詐財數千萬，騙色呢？不得而知，不過坐擁十三個「太太」，倒是無法否認的事實。由法律觀點看來，這些罪狀並不是極端恐怖的，但是它們背後反映的社會現狀卻值得認眞研究。譬如，為何有這麼多人上當？這些人受的教育怎麼毫無用處？難道人的理性完全抵不過欲望的誘惑？

的確，教育的目的在於開發理性，使人明白道理，可以分辨是非，自行獨立判斷及選擇，並且以負責的態度生活。光天化日之下，看到彭某自封為教主，「等於是皇帝」，然後製作龍袍、九龍椅與印信。這樣的言行，卻居然存在於民智大開、民主盛行的今日。難道是有些人無法改變奴隸性格，以致必須依附在皇帝或教主門下，才能獲得身心安頓？果眞如此，則教育界應該針對此一問題，尋求化解之道。也許原因是民國以來的知識界中了科學主義的毒，畫地自限而排斥宗教，以致學校教育與宗教毫不相干。

宗教誠然是個人生命的重大抉擇，但是它的基本原理、主要型態、預定功

能、最終目標，依然屬於知識的範圍。求知而忽略宗教知識，無異於另一種文盲。普通的文盲，頂多心靈封閉、眼界狹隘，尚可平凡度日；這種宗教文盲，卻使人陷於非理性的狂熱，誤把欲望與信仰結合，放棄人的理性與意志，連基本尊嚴都會受人愚弄。

身爲現代國民，享受民主之樂，偶爾回顧過去的歷史，實在看不慣那些皇帝的作爲。「權力使人腐化」，確實是唯一寫照。相對於此，我們何以不知珍惜自己的獨立人格呢？最近許多電視節目都在描寫帝制時代的故事，收視率居高不下，這又代表了什麼？如果它提醒我們民主得來不易，鼓勵我們把握自由良機、開創自己前途，那麼無可厚非，可以發揮電視的正面效果。如果它意在炫耀皇帝權位的尊榮、絕對意志的貫徹，就可能在觀衆心中引發皇帝夢。現在是皇帝夢醒的時候了。我們自己不做皇帝，也不要被僞裝的皇帝所騙。

一棵樹要長得更高，接受更多的光明，那麼它的根就必須更深入黑暗。

——德國哲學家　尼采

Part 5

快樂的自我實現

人有知、情、意之潛能，
相應的是知識、藝術、道德，
三者可以分途發展，最終必可相通，
除非自己畫地自限。

宗教讓人明白欲望的限制

大大小小的欲望能否滿足，絕對是一個人應該關心的，並且應該以自己的努力去達成。

社會動盪不安時，宗教容易發揮作用。但是，在此要避免兩種主張：

一、馬克斯所謂的「宗教是人民的鴉片」。

二、佛洛伊德所謂的「宗教是人類心理上的枴杖」。

鴉片使人一時麻醉，構作虛幻的夢境來欺騙自己，枴杖使人得到支撐，暫時以爲自己健康正常。

當然，宗教有各種正面的作用。說得抽象些，宗教是「人與超越界之間所建立的適當關係」，由於人發現自身的限制，便要尋找最終根源，以便求得安頓。說得落實些，宗教助人以整體及永恆的眼光來看待一切，因此毫不避諱地討論死亡、罪惡、痛苦、災難等問題，並提出明確答案，使人相信之後，解迷出惑，不再爲世間紛紛擾擾的現象所困，可以活得自在安詳。

台灣地區的宗教活動向來十分熱烈，近年則形成風潮。宗教的核心是信仰。信仰又分正信與迷信。以前大家以爲：迷信與正信之區分，在於是否受過教育。受過教育的人，有了知識，尤其是科學知識，應該不會陷於迷信的網羅。反之，落後地區教育不夠普及，迎神賽會、求神問卜的現象就有迷信的嫌疑了。事實上，並非如此。

首先，學校教育即使念到博士，即使是科學的諾貝爾獎得主，也不能保證他在信仰上不會淪爲迷信的祭品。理由很簡單，因爲科學與宗教根本是兩個不同領域的東西，兩者不僅牽涉的範圍與對象大不相同，連需要的心態與方法也大異其趣。

因此，理工博士照樣看風水、排八字，聽到算命改運的傳聞也興趣盎然。科學只是謀生之途，宗教才是安身立命的所在。

我們的宗教教育在中小學階段是一片空白，好像這種知識毫無價值，不然就是難以教授。久而久之，大家把宗教當成個人選擇的問題，形成兩種偏差的態度：

一是「信就有，不信就沒有」，宗教信仰的對象居然成爲個人意志的內容，超越界轉化爲意念中的假象，然後再以意志投射爲「欲望」，結果則是：宗教成爲滿足個人欲望的「工具」。

其次，較爲友善的態度是：「寧可信其有」，由此肯定宗教是「勸人爲善」的，可以做爲政治人物提升社會道德時的一顆棋子。其實，「勸人爲善」的社會效應是什麼？是：行善對你好，對我好，對大家都好，因此這是最聰明的策略。把功利實用的效果用在宗教上，如何可能保存它的正信呢？

因此，正信與迷信之分，不在於一個人有無知識，也不在於一個人所信的是什麼。它在於一個人有無「欲望」。欲望是生命的基本表現，本身是中性的，無所謂好壞。

我們在日常生活中，到處可以看到祝福、期待、盼望，也可以看到競爭、成敗、奮鬥，這些都是欲望的「變形」。無欲望，則個人歸於寂滅，社會亦喪失動力。

因此，我們對欲望並無成見。但是，有些東西如果放錯地方，就會弄得天下大亂。欲望如果被夾纏在宗教信仰裡面，後果就不堪設想了。台灣目前正在快速趨向這種「不堪設想」的情境。

帶著欲望去接近宗教，必然產生迷信。欲望有大小，大的譬如爲了得救，爲了解脫，爲了來世，爲了國家民族的前途等等，小的則多以個人或親友的需要爲對象，如：子女、祿位、財富、婚姻、前程、聯考、健康等等。這些大大小小的欲望能否滿足，絕對是一個人應該關心，並且應該以自己的努力去達成的。宗教如果可以在此發揮作用，則充其量只是增加信心與穩定情緒而已。

宗教存在的目的不是爲了滿足百姓的欲望，而是爲了讓人明白欲望的限制，進而解除欲望對人的桎梏。

欲望是無底洞，我們既然不能否定它，便只好轉化它，使它成爲提升心靈的動力。宗教使人回心轉意，由內在的「敬」出發，再行外在的「善」。若要破除迷信，請自減低欲望著手。

生活最沉重的負擔不是工作，而是無聊。

——法國音樂評論家　羅曼・羅蘭

宗教徒的使命所在

快樂不是指物質享受，而是指心靈狀態。心靈若無自省及感通能力，如何談得上快樂？

「宗教能否幫助淨化人心？」這是個逐漸流行的話題。如果答案是肯定的，下一步就要問「如何淨化」了。

但是，答案眞是肯定的嗎？我們想到三種質疑：一、當人心變壞的時候，宗教在哪裡？二、社會越亂，宗教越發達；因此，宗教恐怕無力回天。三、宗教對人心所起的作用是淨化還是逃避？若是逃避，則無助於改善整個社會。

以上三種質疑都建立在一個相同的前提上，就是：人心是普遍的、共有的，有如社會風氣一般。如果不接受此一前提，就不必如此質疑，而問題的焦點也將有所轉移。換言之，宗教做爲社會機構之一，難免顯示「群策群力」的外貌，但是宗教畢竟是與「個人」相關的。解脫與得救的是個人，而不是群眾。

那麼，宗教能否幫助淨化人心呢？當然可以。不過，必須個人有此覺悟，自願接受宗教的啓發與訓示，如果進而追問社會風氣能否因而改善，則答案是並不樂觀。人間有善惡兩種對抗的勢力在互相競爭，從個人內心到國際關係莫不如此。競爭的結果是妥協，妥協其實是對善的傷害；傷害了善，惡就得勝了。因此，這場自古以來的比賽是不可能讓「善」全面得勝的。反過來看，「惡」的成功機率也十分有限，因爲「人性向善」，新的根苗會發出來，繼續堅持理想。關於「人性」本質，我採取儒家立場，詳情暫不多論。

善惡並存的現象既然始終存在，我們只有換個角度設想，就是：說明人的眞正快樂在於「行善避惡」。許多人行惡，是因爲無知，他們在心中吶喊，「惡啊！請你做我的善吧！」另外的人行惡，是出於自私動機，以爲損人利己是得意之事。但是，如果扣緊「當下的心安」與「長期的利害」來分析的話，行善無疑帶來更多快樂。

在此，快樂不是指物質享受，而是指心靈狀態。心靈若無自省及感通能力，如何談得上快樂？宗教的第一步在於使人「覺悟」，至少須明白上述道理。這種看似簡單的道理，在實踐上卻是困難重重。我們期待人心能由宗教獲益，但是除了靠個別的人去努力之外，社會群體恐怕很難在善惡兩極之間擺盪，他們受到宗教以外的力量所影響，其實是更爲直接也更爲明顯的。

接著，正確的做法是：讓宗教徒以個人身分在世間取得「名、利、權、位」，再以實踐精神去弘揚他的信仰。或者，讓世間已經擁有「名、利、權、位」的人去信仰宗教，然後表現其實踐的成效，或許亦能移風易俗。前者的例證較多，在今日自由而開放的社會中屢見不鮮。不過，出家與入世之間始終隔了一層。許多問題，如家庭、婚姻、情感、財產、移民等，就不是出家人談得來的。那麼，後者呢？有一個例證是前監察院長陳履安先生的「還地捐屋」，把他們家人的住宅捐還給國家。

聽起來他的作爲是「理所當然」的，但是經過比較，就知道這種常態行爲已經難得一見，幾乎像是「頭殼壞去」的人的表現。他不但不要求或申請政府補償，反而指派輪值監委公開調查自己「過去的估住」是否違法。當記者質疑動機時，他的回答是：信了佛教，覺悟「能捨」的重要，並且感謝大家給他機會做好「功課」。對於陳氏這樣的行爲與說詞，天下尚有何人可以批評？

曾國藩說：「風俗之厚薄，奚自乎，自乎一二人之心之所嚮而已。」從前資訊較爲封閉，大家都看著那一二人；今日資訊爆炸，一二人成了千萬人，今日看你，明日看我，看了就忘，忘了又看，過眼雲煙而已。我們設想，如果每個宗教徒都有陳氏這種精神，把自己已經覺悟及導正的「心」發揮於實際生活中，有如萬道光芒從四面八方升起，或許可以照亮日益陰暗昏沉的大地，或許可以在善惡抗衡的局面中得到抑惡揚善的效果。由一二人擴及千萬人，正是宗教徒的使命所在。

人生不是一種享樂，而是一樁十分沉重的工作。

——俄國作家　托爾斯泰

宗教多元化，神明多樣化

現代物理學大師愛因斯坦認爲：科學家如果喪失了對「奧祕界」的驚訝之心，就不會有什麼進步了。

根據民國八十二年三月間的統計，台灣的宗教場所，包括寺廟、教堂、神壇等，多達一萬七千餘處。現爲兩萬三千多處。不論這個數字與居民人口的比例是否太高，也不論它比各級學校的總數多了幾倍，我們至少可以論斷「宗教現象」在台灣十分蓬勃。這種現象已經引起學術界的重視，例如漢學研究中心曾在八十二年四月間，舉辦以「民間信仰與中國文化」爲主題的國際研討會。

即使就全球情勢來說，奈斯比（John Naisbitt）在《二千年大趨勢》一書中，也特別強調在未來數年中，宗教信仰的活動會繼續吸引世人的注意。如果以「自古已然，於今爲烈」一語來描述人類在「宗教」方面的表現，大概並不爲過。然而，處在現代的時空之下，宗教應該作了某些調適，否則我們必須承認：在人類心靈中，有一部分可以不受時空影響，永遠保持原狀，或者永遠存有相同的需要，必待宗教始能滿足之。

這個問題値得深思。談到人性，我們若以「知、情、意」爲其潛能，相信不會引起太多爭議，但是若以「信仰」爲其潛能，顯然較爲特別，需要詳加說明。本文想由反面著手，澄清一些對宗教的批判。前提有二：

一，以人群爲觀察對象時，則宗教現象是普遍而長期存在的，幾乎可以說：「有人類之處，即有宗教現象」。

二，以個人爲觀察對象時，無疑有許多懷疑者與不信者，但是他們終其一生是否全無信仰之「可能性」，則不易判斷。

由外表看來，現代人，尤其是知識分子，比較容易以科學做爲批判宗教的利器。譬如，自然科學早已放棄托勒密天文學，對宇宙的看法與各宗教的宇宙觀難以相容。換言之，各宗教經典中談及宇宙創生與人類造化的記載，若非退隱到神話世界的含混象徵中，就會淪爲荒誕不經的臆測之詞。這是科學的勝利，但是它與宗教必然衝突嗎？有些人認爲，西方科學革命以後，上帝就越來越不能得到信徒了。但是，上帝退隱了，世界魔咒也解除了，爲什麼還有一代一代的信徒出現？他們信的應該不是已經被自然科學批判爲謬誤的宇宙觀與人性觀，那麼他們信仰什麼？暫且擱下這個問題，我們先要說明宗教與科學並不互斥。

首先，「科學」是一個通稱，其中的分門別類十分精細，只要看看理、工、農、醫四個學院的科系名稱，就可以獲得概略印象。研究領域各自有別的這些科學家，如果謹守科學態度，實事求是，有一分證據說一分話，那麼，請問：誰會想到去「否認」上帝存在或緣起性空之類的信念？誰又有任何可信的證據這麼作呢？因此，科學家如果反對宗教，絕不是以他「身爲科學家」來反對，而是以他「身爲一個凡人」來反對。身爲凡人，難免受到情緒、意願、經驗、背景的限制及影響，因此他的反對並無特別價值。一個土人把人造衛星看成天神來膜拜，這與一個科學家看到這種現象就斷定天神不存在，兩者其實是同樣的幼稚。科學家不知道信徒所看到的世界，並不是科學儀器所偵測到的世界。

因此，科學家對於自己本行以外的知識，即使是天文學家對生物學的知識，也都應該採取「不知爲不知」的態度，那麼，何況是對於宗教信仰？古典物理學的奠基者牛頓是個虔誠的基督徒，他把自己在科學上的研究心得，比擬爲「沙灘上拾貝殼的小孩，偶然撿到的」，因爲宇宙的奧祕實在是無窮的。現代物理學大師愛因斯坦認爲：科學家如果喪失了對「奧祕界」的驚訝之心，就不會有什麼進步了。

眞、美、善與聖，都同樣建立在「存有」上，而「存有」以最完整的姿態展現爲宗教信仰中的神明。當然，宗教多元化，神明多樣化，信徒之間的衝突不亞於非信徒之間的矛盾，這些困難是不能漠視的。即使如此，在信仰的途程中，依然有絡繹不絕的人在努力前進。這個現象不是自然科學所能抹煞的。

悲觀的人雖生猶死，樂觀的人永生不老。

——英國詩人　拜倫

宗教是永恆的燈塔

宗教無法避免與社會發生各種接觸及妥協，但是宗教絕不是社會的工具，神明也不是社會的象徵。

自然科學由於研究對象及方法的限制，對於宗教所能肯定及否定的根據都微不足道。相對於此，社會科學的攻擊火力就強大多了。扣緊社會學來說，法國社會學家涂爾幹（E. Durkheim）認爲：宗教是社會的工具，上帝則是社會的象徵。這種說法到底是否正確？

就人是「社會性的動物」來說，沒有人可以完全脫離社會而生存；但是個人與社會之間又有一種緊張關係。個人不論原因爲何，總有利己傾向，此一傾向漫無限制地發展之後，必然損及社會群體的共同利益，那麼如何加以約束？因此，消極方面，爲了保全社會，宗教有各種信條、儀式與戒律，要人放棄自私念頭，爲他人而犧牲奉獻。若有不從，則搬出威嚴的神明與死後審判、輪迴轉生之類的說法來達成目的。

積極方面，社會形成一個命運共同體，遠古時代的個人大都浸淫於群體心態中，把自己當做社會有機體中的一個小細胞。文明時代則有國家或民族意識大行其道，一遇戰爭或群體之間的重大衝突，立即吞噬個人的自我意識，使後者成爲社會大機器中的一個螺絲釘。而所謂的宗教信仰，無異於個人依附於機體或機器的事實而已，其最終目的是維護社會。個人出生於社會中，也在社會的懷抱中離開人間。於是，社會形同永恆的超越世界，顯示一種神聖的光輝。

如此一來，宗教可以化約爲社會的因素，只要徹底了解一個社會的特色，就不難解釋其中的宗教現象了。譬如，今日我們看到台灣社會的宗教活動十分昌盛，就會希望宗教發揮力量，以求促進社會和諧，這種想法就是出自上述觀點。

但是，如果眞是如此，我們不是應該先反省下述問題嗎？就是：宗教昌盛與社會紊亂，何以是並存的現象？因此，宗教未必是社會的工具，更重要的理由有三。

首先，宗教的訴求是不受特定社會所限制的。譬如，佛教源於印度，卻能在中國普遍傳揚；基督教源於猶太教，卻早就成爲普世宗教了。換言之，眞正的宗教都是不受種族、國家、地區、社會的區隔，而是無差別地向「人類」傳佈的。既然信教的人未必是同一個社會的人，社會想要把宗教當成工具來利用，恐怕不易如願。反之，如果某一宗教僅僅局限於特定社會中，它就難免形同祕密結社，然後無法擺脫政治興趣，或者受到政治干擾。自古以來，政教合一的現象並不少見，但是結局往往是宗教被政治所同化，或者更準確地說，被政治所腐化。

其次，宗教對道德的要求，遠遠超越了社會對道德的要求。社會道德常以法律爲其底線，同時以善良風俗或傳統倫理規範爲其目標，未必可以達成提升個人人格之要求。宗教道德則首重良知，針對動機之純潔作判斷。一旦與世俗利益衝突，則沒有妥協餘地，樂於表現絕對要求，犧牲生命在所不惜。社會道德是封閉的、靜態的、外在的；宗教道德是開放的、動態的、內在的。兩者或許可以相輔

相成，但絕無手段與目的之關係。

第三，宗教所啓發的良知與社會既成勢力背道而馳。良知宛如聽到「不同的鼓聲」，採取異於社會的價值觀，甚至在反抗社會的侵蝕時，覺得自己若有神助。換言之，越是受社會迫害的宗教團體，越能表現宗教的超世情懷；反之，越是受社會認同的，則越不易畫清入世與出世之界線，或者游移於二者之間，顯得有些尷尬。社會趨於腐化時，宗教能夠表現「批判」力量嗎？若是不能，宗教也淪爲一種社會建制，喪失提升人性的作用了。

總之，由於人的社會性格，宗教無法避免與社會發生各種接觸及妥協，但是宗教絕不是社會的工具，神明也不是社會的象徵。社會變遷無已，宗教卻是永恆的燈塔，不能放棄發光的使命。

生活就像海洋，只有意志堅強的人，才能到達彼岸。

——德國社會哲學家　馬克思

宗教是永恆的嚮往

在困境及逆境中的人確實比較需要心理上的安慰，也比較容易接受宗教信仰。

社會是由個人組成的，個人心理與宗教信仰之間是否也有密切關係？這個問題的答案，要看我們對個人心理所認識的程度而定。沿用希臘哲學家贊諾芬（Xenophanes）的話來說，獅子若有手，繪出的神必定像獅子；人手所繪之神必定像人；不僅如此，即使是同一宗教中的信徒所描繪的神，也難免帶有信徒各自的色彩，用以滿足各自的願望。難道宗教眞是個人心理需要之投射？

以佛洛伊德（S. Freud）的學說爲例，他認爲宗教是「人類心理上的枴杖」。早期科學不夠昌明，人類受到自然力量的威脅，就將人性「投射」於自然界，以便溝通及協調。等到社會穩固，宗教又成爲人間正義的許諾及滿足。宗教的內容不過是個人心理上「一廂情願的夢幻」而已。

這種夢幻的眞正目的是要達成個人追求幸福的願望。但是，歷代以來，文明不斷形成新的禁忌，使個人動輒得咎，個人與生俱有的「侵略性」遂有重大轉變。佛洛伊德如此描述：

> 侵略性被投射於內、被內在化；事實上，它被送回它所源出之處，亦即用來反對自我。它被自我的一部分所取代，這一部分分立獨存如一超我，然後以「良心」的形式出現，對自我展開無情的攻擊，以致自我竟以攻擊他人爲樂事，嚴格的超我與附從的自我之間的張力就稱爲「罪咎感」；它展現爲人之需要懲罰。

這段話所描寫的，在神話上涉及「伊迪帕斯情結」與「圖騰崇拜」，在醫學上則是人類普遍具有的「神經症」。如何對症下藥？佛洛伊德認爲教育普及與科學進步，將使人類以理性之光照亮一切，不再有虛幻的願望，而宗教亦將隨之煙消雲散。

後起的心理學家雖然強烈質疑及批判上述說法，並提出各種心理因素來重新解釋宗教之起源，但是他們的共同立場依然是一致的，就是：宗教是個人心理上「主觀」的條件所造成的。換言之，在客觀上是否眞有神明或來世，根本是無法證明也不必證明的。如此一來，窮人、病人、老人以及受難者比較需要宗教，以求獲得心理安慰；而青壯年或知識分子就比較健康自主了。是否如此？以下試提三點反省。

首先，如果宗教信仰眞是出於人類普遍具有的「神經症」，那麼人類這種心理結構及需求就是本性所定的自然傾向，我們又何必稱之爲「神經症」，好像它是一種缺陷似的。我們又怎能確知人類應該解消此一本性，並且肯定在解消之後會比較幸福？

其次，在困境及逆境中的人確實比較需要心理上的安慰，也比較容易接受宗教信仰。但是，這只是片面的想法，因爲許多正常狀態的人也是信徒。誰能肯定「不信教的人在心理上都比較健康及獨立」呢？我們固然不必懷疑非信徒是否以其他形式及內容的安慰在勉強度日，但是卻可以肯定信徒中多的是慈悲爲懷、捨己救人、智勇兼備的正人君子。

然後，回到主觀想像與客觀實情之間的關係上，我們要特別指出，人們想像的那位「擬人化」的神明不存在，並不等於眞正的神明不存在。譬如，馬可波羅筆下遍地黃金的中國不存在，並不等於眞正的中國不存在。人的心靈所能理解及想像的，當然局限於人的世界，我們怎能以此斷定神明本身的實情，進而認爲它不存在？

總之，我們並不否認宗教與人類心理的密切關係，但是無法苟同以宗教爲人心所造的幻覺這種理論。以上三點反省至少說明一點，就是：從心理學的立場，既不能肯定也不能否定神明的存在與宗教的價值。我們願意繼續思索，爲何人類心理是如此這般的結構，以致對宗教表現了普遍及永恆的嚮往？

生活的情況越艱難，我越感到自己更堅強，甚而也更聰明。

——蘇俄作家　高爾基

宗教需要善說者與善聽者

語言是人類發明的，原本的目的是表達人對世界的認識，而非用來表達超越界或絕對界的。

《哲學雜誌》成立一週年時，特地辦了一場演講會，由沈清松教授與我分別主講四個子題：科學、藝術、倫理、宗教，總主題則是「現代思潮與人生定位」。這四個子題分別針對人的知、情、意，以及安身立命的需要。

我在談論宗教時，特別覺得「語言」的困難，一方面有些詞不達意，另一方面又擔心聽衆受到誤導。的確，宗教是「人與超越界之間的關係」之具體表現。

所謂「超越界」，又名絕對界、無限界，因此涵蓋一切，連人亦在內。人既然在其內，則如何以之爲對象來談論，佛陀說：「我說法四十五年，未曾道得一字。」因爲所有的語言都是「方便善巧」。必須如指月一般，「得月忘指」，或者如捕魚一般，「得魚忘筌」。

如果就宗教之具體表現來看，問題並不大。譬如，對寺廟、教堂之研究，可知其象徵意義在於展現神聖空間，讓人擺脫世俗空間的乏味與平庸。其他如教義、儀式、修行法門、得道者事蹟等，皆可以作客觀探討。但是，歸根究柢，這一切無不環繞「是否有個超越界？」「人與它究竟有何關係？」這兩個問題的明確答案而定。如果落實在日常對話中，可以問的是：宗教語言有無意義？

西方哲學界對此曾有廣泛研究。我們引述時，暫且以「上帝」代表超越界。其中一派主張：宗教語言在「認知」上沒有意義。所謂認知，特別是指感覺經驗的檢證，或數學與邏輯的推論。如此一來，「上帝存在」有何意義？許多人談鬼論神，但是如何使鬼神成爲客觀知識的對象？「信則有之」的態度，其實不外乎一廂情願的主觀心理，對宗教並無好處。對信徒或許有好處，但是，由此容易延伸爲「功利」心態，爲了趨吉避凶而信神拜佛。由此再退一步，則是迷信、算命、風水的陋習了。

但是，「認知」意義是否語言之唯一的或標準的用法呢？當然不是。於是，另有一派主張：宗教語言類似道德語言，表示個人的道德立場。換言之，宗教語言並非關於世界的論述，而是流露了吾人對世界與人生的一般態度與觀點。以「誠實是美德」爲例，並不表示天下人都誠實，只是表示我個人願意誠實。我的行爲在此顯示了方向。因此，「上帝存在」對我而言，其作用不在認知，而在指導，使我的行爲異於不相信上帝的人。

由此可知，宗教語言的條件可以歸納爲三點：一是獨特的辨認，由於發現了宇宙與人生的眞正意義，可以不再用世俗眼光看待一切。二是全盤的付託，既然明白眞相，當然義不容辭，念茲在茲，在行爲上定於一尊。三是普遍的傳揚，忍不住希望人人得聆福音、眞道、佛法等，希望大家分享永恆的喜悅。對於傳道人，我們都有崇高的敬意，但是他們必須首先表現上述三條件。何以有些人廣受信徒仰慕？原因亦在於此。

因此，宗教語言有其意義，但是需要善說者與善聽者。譬如，「上帝存在」是指：我相信自己生命的最後底基不會落空，那就是超越界。「上帝是愛」是指：愛是如此偉大而神聖，它要求我付出一切去追求。與此同步進行的，則是具體行爲上的改變。若是未能「製造差異」，則上帝之存在又有何作用？說了再多關於上帝的言論，如果不能使信徒在生活態度上產生明顯的差異，則這些言論即使有其意義，又要如何證明？

事實上，語言是人類發明的，原本的目的是表達人對世界的認識，而非用來表達超越界或絕對界的。但是，人的所思與所感未必限於世界，因此語言的使用範圍可以作無限制的延伸，最後成了「無言之教」。宗教正是無言之教的例證之一，因此它的語言總是具有象徵性與辯證性。總要使人提升及超越世間的相對境界，同時還須產生具體的差異，使人因著宗教而成爲不同的人。

人生的道路就像一條大河，由於急流本身的衝擊力，在從前沒有水流的地方，沖刷出嶄新的意料不到的河流。

——印度詩人　泰戈爾

人有自我超越的能力

通往超越界之路，應該不止一條，只要眞是走向超越界，最後總會相遇的。

宗教信仰之所以可能，是因爲人類面臨自身的限制，如死亡、罪惡、痛苦、災難等，遂肯定在限制之外有一個無限境界。於是，解脫、拯救之類的希望，才有落實的可能。不過，關於無限境界，原本只是以消極方式，亦即做爲限制之彼岸的姿態出現，卻未必可以讓人積極探知其內涵。

不可知者是否不存在?笛卡兒在肯定「我思故我在」之後，接著論斷「我在

故上帝在」，他的論斷是否合理？如果由哲學角度反省，可以說上帝或神明（推而至於天、道、梵、一眞法界等）都具備的條件是：做爲變遷無常的人間世之充足理由。除非我們不求理解宇宙與人生之究極意義，否則難免推源於一無限境界，而這個無限境界可以展現爲各種樣態，但總是不失其超越性格，亦即永恆常住。我們可以用「超越界」或「超越者」（Transcendence）一名稱之，相對於此，人類經驗與能力所及的範圍則稱爲「內存界」（Immanence）。

大體說來，超越界指稱三種內涵。一，眞實的本體，但是並非人的日常經驗可以觸及。二，特定的向度，是人的意識在結構上就注定向其超升的。三，重大的歷程，亦即每一代的人所嚮往的終極解脫。

先就「歷程」而言，超越界總在危機、迫害、不義、無情的時刻出現，好像社會在面臨轉型期或斷裂期時，必須重新回溯一切意義的源頭，否則就可能全體同歸於幻滅。各大文明在紀元前都曾有過軸心期人物，如中國的孔子、印度的佛陀、猶太教的先知與稍後的耶穌，他們身繫整個傳統的存亡，其主要原因即是領悟了超越界，可以指出超越界與人之間的關係。他們開創出各大宗教，並非偶然的事。

其次，就「向度」而言，人有自我超越的能力，但是超越需要方向。若無方向，則容易流於自由心證或自以爲義，爲自己的行動找到一切可能的藉口，而其實卻是放辟邪侈、無所不爲。若是方向不清，則自我超越所要求的永恆，往往淪爲生物性的傳衍，在時間序列中生生不息，以家庭爲自我之歸依；或者淪爲社會性的成就，以聲名受後人傳誦紀念，做爲個人生命意義之所在。眞正的自我超越，是指向無限境界的。譬如「看得破，放得下」一語，就需要智慧與勇氣的配合，同時「以出世之精神，爲入世之事業」一語，則需要豐富的仁心愛意。若不肯定這種超越向度，人如何在世間取捨，以有限生命完成無限理想？

接著，上述歷程與向度若要可能，總須肯定與人相對應的另一端，有眞實的「本體」存在。那是什麼？那是宇宙萬物一切動力的來源，同時引發人的敬畏與嚮往。那也是一切價值的最後判準，使人間行事得到肯定。那是根源，也是終局，人類因它而施展創意，參贊化育。勉強描述，則不妨並用二詞：一是「眞而又眞的眞實」，二是「玄之又玄的奧祕」。

由此觀之，超越界所指稱的三種內涵，其實是一個相聯互攝的整體。這個整體做爲眞實的本體，確實超越了人間的變化與虛幻；它做爲歷程時，卻又參與人間，使其中一切得到基礎，不致歸於寂滅或無謂。然後，它做爲向度時，是每一個人尋求超越的方向，具體內化爲人生的終極理想。如此一來，超越界是：「既超越又內存的」。

根據上述理解，所謂宗教，是指人與超越界的「關係」之體現。所謂信仰，是指人對這種「關係」的信仰。因此，超越界「本身」是什麼，也許無人可以回答；但是，較爲重要的是，超越界「對人而言」是什麼，在此涉及兩者之間的「關係」，則是我們必須回答的。人是關係之一端，當然可以就自己的體驗去描述超越界，但是終究不能毫無疑惑地論斷關係之另一端，何況這種關係本身還是充滿變數的。

以上所論，在原則上適用於一切宗教中的信仰對象，但是在事實上則表現得十分歧異。通往超越界之路，應該不止一條，只要眞是走向超越界，最後總會相遇的。

人的天職在勇於探索真理。

——波蘭天文學家　哥白尼

宗教不是萬靈丹

不完美的人需要信仰，以求使自己趨近完美。

社會上各種問題都有特定的脈絡與性質，需要專業的知識與能力去解決。以現代語言來說，不同的生活領域所形成的遊戲或運作規則，是無法任意轉換的，正如經濟問題不能以政治手段來對付，反之亦然。由此觀之，宗教的限制十分明顯。

耶穌是猶太人，當時猶太人受羅馬帝國統治。耶穌到處宣講天國的福音、勸人悔改、洗心革面。有些經師眼看耶穌的信徒日益增加，影響力逐漸形成，就想

找機會對付他。猶太人必須向羅馬帝國納稅，那麼，看看耶穌怎麼說？這個問題十分陰狠。耶穌若說「應該納稅」，就會受到同胞的排斥；他若說「不該納稅」，就會受到官府的制裁。左右爲難的情況正是展現智慧的關鍵時刻。

耶穌叫人取來一個錢幣，問道：「上面的像是誰的？」答曰：「凱撒的。」凱撒代表羅馬帝國的統治者。耶穌說：「凱撒的歸凱撒，上帝的歸上帝。」意思是，人間帝國與天上神國是不同的，不宜混淆。既然人的實際生命屬於世間，那麼自然應該納稅；但是人還有精神生命，因此不可忽略靈修生活。再引申來說，政治活動與宗教信仰之間，應該畫下明確的界線。

若是遺忘這種界線，難免出現下述狀況。我在收音機聽到一段評論，大意是：某立委批評某監委時，居然引用耶穌的話，「誰沒有罪的，先拿石頭砸人吧！」自己佔住房舍不搬，卻去連署彈劾考試院長的官舍問題，實在太不應該了。我在這裡不提人名，並非有何忌諱，而是借爲例證，說明社會上誤用宗教的情形相當普遍。

首先，耶穌說話的前因後果必須加以了解。正如前面提及的，耶穌聲譽日隆，引起某些人的嫉恨。有一天，人們抓到一個正在犯罪行淫的婦女，就把她直接帶到耶穌面前，看看耶穌怎麼處置。耶穌平日宣講仁慈、寬恕、博愛，現在怎麼辦呢？他若說，依猶太人的法律把她砸死，那麼豈不言行矛盾？他若說，原諒她吧！那麼豈不公然違法？這又是一個左右爲難的局面！

耶穌說：「你們中間誰沒有罪的，就先拿起石塊砸這個女子吧！」聽了這句話，圍觀的群衆默不作聲，然後從年老的到年少的，一一離開了。最後廣場只留下耶穌與那位女子。耶穌問女子：「沒有人定你的罪嗎？」答曰：「沒有人。」耶穌說：「我也不定你的罪，你回去吧！以後不要再犯罪了。」

這是典型的宗教家行誼。世間沒有義人，人須自我反省；與其責難別人，不如要求自己日新又新。然而，在現實社會，卻有各種既定規範必須遵守，同時，負責執法的人，不能混淆宗教與法律。

試問法官、檢察官、警察這些執法人員，難道自己不曾違背過法律嗎？試問各級學校的老師，他們在教導學生四維八德時，難道自己完全做到了嗎？如果自己未曾達到某一標準，就不能以此標準來要求別人的話，世間多少人還有資格去擔任執法與教學的工作？恐怕沒有幾個人。我把立場歸結爲一句話：有誰在責怪別人時，自己一生都不曾做過他所責怪的行爲？我批評別人好名好利，我自己呢？我批評別人貪得無厭，我自己呢？依此類推，不爲此困，便爲彼累，人實在是不完美的。不完美的人需要信仰，以求使自己趨近完美。

但是，社會卻是不同的領域。你扮演警察，就須負責執法，不管自己素行如何。你擔任老師，就須教導學生，不管自己是否聖人。當然，能有良好素行，像個聖人，無疑是值得推崇的。我們長期以來努力避免泛道德主義，今日卻有泛宗教主義的傾向。一下子引用耶穌，一下子引用佛陀，要求世間盡善盡美。但是，行得通嗎？因此，我建議大家就政治論政治，就法律論法律，不必任意牽扯宗教，這樣或許可以爲宗教保留一塊清靜的園地。

生命中最困難的事情就是了解自己。

——希臘哲學家　泰利斯

放得下與放不下

出世與入世之間的張力與矛盾，只有靠高度的智慧與修行才可化解。

傳統中國以「儒、釋、道」並稱三教，共同爲百姓的精神生活提供指引與安頓。就其爲宗教而言，佛教與道教都有完備的組織與規模，源遠流長，度人無數；但是，儒家呢？它的宗教功能必須依附於政治制度與教育體系，使百姓的日常生活得到安頓。一旦傳統的帝制與封建瓦解，儒家喪失優越地位，它還有什麼價值呢？

因此，民國十年前後，梁漱溟著書慨嘆：當今之世，念書人競相談論西學與佛學，只有在談及儒家時，「竟至羞澀不能出口」。數十年以來，隨著風氣日開，西學與佛學早已蔚爲大觀。暫且不談西學，單就佛學而論，台灣地區最大的民間團體是「慈濟功德會」，會員人數多達二百萬人。顧名思義，這是以信仰爲基礎，以行善爲目的的團體。如果以「化民成俗」爲宗教的具體成績，則佛教無疑是一枝獨秀的。

我曾有一朋友，多年前在方東美先生的課堂上相識。他出家十餘年，頗有慧心。承他告訴我，學佛的心得是六個字：「看得破，放得下」。看得破，需要智慧與覺悟；放得下，則需要勇氣與修行。譬如，人生難免一死，何必執著造業？心念一開，便無煩惱。不過，接著要問的是：人間的種種活動難道皆是昏念妄動？如果眞是如此，何必繼續傳教？個人得以解脫，何必再管別人？因此，所謂「放得下」，其實是指對於行爲的成敗得失可以一無罣礙，而不是說「不再行動」。這也是「以出世精神，爲入世事業」的基本原則。

於是，佛教除了消極方面對個人勸善規過之外，更能積極創立醫院與學校，眞正著手「普渡衆生」的大事業。佛教籌辦的大學已經超過五所，正是例證。只要人才濟濟，又有金錢支持，辦大學不是問題。問題是：宗教與教育之間有無緊張關係？以當前趨勢來看，大學幾乎成爲「職業訓練所」，學生選系幾乎都以就業爲首要考慮。於是，原有的幾所天主教與基督教所辦的大學，除了一兩門硬性規定的課程外，與一般公私立大學並無差別。尤有甚者，教會大學需以寬容爲標榜，表示學校絕不干涉學生信仰。事實上，在學校的行政體系運作過程中，宗教精神是隱而不顯的。

由此觀之，佛教所辦的大學恐怕也不能跳脫此一格局，就是一方面遷就學生的世俗關懷，另一方面保持教育行政中立的姿態。至於信仰的傳播效果，則是無法預期的。人間世的種種複雜糾紛，不會因爲宗教而離開，卻會因爲教育而介入。出世與入世之間的張力與矛盾，只有靠高度的智慧與修行才可化解。

相對於「看得破，放得下」，我認爲儒家的立場是「看得破，放不下」。一字之差，正是兩教之異所在。所謂放不下，是因爲於心不忍，於心不安。人無此心，何以爲人？只顧自己得道解脫，並不是至難之事；但是，奈何天下之人由近

及遠並未獲得安頓？孔子談到孝順的倫理要求時，只問：你心裡安不安？由此推廣出去，天下但有一人受苦，我即有所不安，只是程度或深或淺，或隱或顯而已。聖人不過是有一顆至敏至廣的心，願意爲天下人犧牲奉獻罷了。在此，「不過……罷了」說起來不難，做起來永無止境，因此只好「放不下」了。

依我淺見，今日佛教徒的表現，與儒家的「放不下」幾乎如出一轍。名爲「生活佛教」，其實正是放不下。放不下，有何不好？但是，理論上卻須自圓其說。這是佛教所面臨的時代挑戰。儒家不是宗教，不必直接回答有關生死奧祕的難題，卻可以全力用在生死之間的人生上。但是，百年以來的儒家早已面目難辨了。官方用它當招牌，老師用它做教訓學生的藉口。青年學生心中不服，怎能欣賞儒家？到底儒家說些什麼，這是値得我們認眞思考的。

認識自身的缺點，是一個人最高智慧的表現。

——法國作家　羅什孚科

傅佩榮作品集 LI ⑫

人生的快樂靠自己追求

（原名：自我的堅持）

著　　者：傅　佩　榮
責任編輯：薛　至　宜
發 行 人：蔡　文　甫
發 行 所：九歌出版社有限公司
臺北市八德路3段12巷57弄40號
電話／02-25776564・傳眞／02-25789205
郵政劃撥／0112295-1
九歌文學網：www.chiuko.com.tw
登 記 證：行政院新聞局局版臺業字第1738號
印 刷 所：晨捷印製股份有限公司
法律顧問：龍躍天律師・蕭雄淋律師・董安丹律師
初　　版：1993（民國82）年10月5日
重排初版：2007（民國96）年6月10日

定　價：240元

ISBN：978-957-444-404-5　　　Printed in Taiwan

國家圖書館出版品預行編目資料

人生的快樂靠自己追求／傅佩榮著. --
重排初版. --臺北市：九歌，民96
面； 公分. --(傅佩榮作品集；LI02)
ISBN 978-957-444-404-5(平裝)

1. 人生哲學

191 96006186